Micha Brumlik
Innerlich beschnittene Juden
Zu Eduard Fuchs' *Die Juden in der Karikatur*

konkret
Texte 58
KVV konkret, Hamburg 2012
Lektorat: Wolfgang Schneider
Gestaltung & Satz: Niki Bong/Peter Bisping
Druck: Beltz Bad Langensalza
ISBN 978-3-930786-65-7

Micha Brumlik

Innerlich beschnittene Juden

Zu Eduard Fuchs' *Die Juden in der Karikatur*

Editorische Notiz

Eduard Fuchs' *Die Juden in der Karikatur*, erschienen 1921 in München und 1985 als Faksimile nachgedruckt in Berlin, ist eine Rarität. In seinem Aufsatz »Eduard Fuchs, der Sammler und der Historiker«, den er 1937 auf Bitte von Max Horkheimer für die »Zeitschrift für Sozialforschung« schreibt, meidet Walter Benjamin, wie übrigens die gesamte Literatur- und Kulturkritik bis heute, jegliche Erwähnung dieses bemerkenswerten »Beitrags zur Kulturgeschichte«. Dafür gibt es Gründe, wie die Lektüre der im zweiten Teil dieses Buches hier zugänglich gemachten zentralen Passagen von *Die Juden in der Karikatur* zeigt. Ich selbst hatte eine Kolumne über die Linke und die Juden, in der Eduard Fuchs und sein Buch eine Rolle spielten, abgebrochen, weil ich meinem Urteil mißtraute. Als ich erwog, den Text von Fuchs neu aufzulegen, bat ich Micha Brumlik um Rat. Ihm hat der Verlag zu danken, daß er in diesem Buch die Arbeit besorgt, an die ich mich nicht gewagt habe.

Hermann L. Gremliza

Hamburg, Oktober 2012

Inhalt

Hermann L. Gremliza
Editorische Notiz   5

Micha Brumlik
Innerlich beschnittene Juden
Zu Eduard Fuchs'
»Die Juden in der Karikatur«

Die Karikatur – ein menschenfeindliches Medium   9
Eduard Fuchs – der Autor und sein Leben   10
Walter Benjamin rezensiert Eduard Fuchs   11
Eduard Fuchs fragt nach den Ursachen des Judenhasses   13
Der Gewährsmann und Kronzeuge: Werner Sombart   15
Eduard Fuchs – gewiß ein Antikapitalist! Aber ein Marxist?   25
Fuchs – ein Theoretiker der Judenemanzipation   32
In den Spuren von Karl Marx?   34
Die Emanzipation der Juden in der Karikatur   39
Karl Marx – ein Antisemit?   42
Juden, die abendländische Geschichte und die Geldwirtschaft.
Die Auskunft der Wissenschaft   47
Der Take-off des modernen Antisemitismus: Martin Luther   51
Wer wucherte im Mittelalter?   55
Gier und Pogrom   63
Eduard Fuchs – die Tragödie des guten Willens   65

Eduard Fuchs
Die Juden in der Karikatur

III Die Rolle der Juden in der Geschichte   73
IV Der Anteil der Juden an der europäischen Kultur   112
V   Warum sind die Juden von aller Welt gehaßt?   115

»Der Kapitalist weiß, daß alle Waren, wie lumpig sie immer aussehn oder wie schlecht sie riechen, im Glauben und in der Wahrheit Geld, innerlich beschnittne Juden sind und zudem wundertätige Mittel, um aus Geld mehr Geld zu machen.«

Karl Marx, *Das Kapital*

Die Karikatur – ein menschenfeindliches Medium

Karikaturen sind ins Medium des Bildes übersetzte Formen des Komischen. Das Komische aber ist – zumindest in der okzidentalen Kultur – eine Ausdrucksweise, die nicht nur der Herrschaftskritik, sondern auch der Verächtlichmachung der Unangepaßten, ja der Herrschaftskritiker selbst dient. Als ältestes bekanntes Beispiel mag eine Gestalt aus der im 8. Jahrhundert vor der Zeitrechnung entstandenen, Homer zugeschriebenen *Ilias* gelten, jenem Epos, das von der Belagerung und Eroberung Trojas durch die versammelten griechischen Heere erzählt. Im zweiten Gesang, die versammelten Griechen beraten erregt darüber, ob sie in diesen Krieg ziehen sollen oder nicht, meldet sich nicht nur der kluge Odysseus zu Wort, sondern auch ein Mann namens Thersites, der den griechischen Heerführer Agamemnon mit höhnischen Worten auffordert, den Feldzug abzubrechen und nach Hause zu fahren. Thersites, wie ihn Homer in Worten zeichnet, kann als Urbild, als Archetyp der judenfeindlichen Karikatur gelten – lange bevor es Juden oder Judenfeindschaft gab.

Der häßlichste Mann vor Ilios war er gekommen:
Schielend war er und lahm an einem Fuß; und die Schultern
Höckerig, gegen die Brust ihm geengt; und oben erhob sich
Spitz sein Haupt, auf der Scheitel mit dünnlicher Wolle besäet.
Widerlich war er vor allen des Peleus Sohn' und Odysseus;
Denn sie lästert' er stets.[1]

Aristoteles, der sich in seiner *Poetik* vor allem mit der Tragödie, aber auch mit dem Genre der Komödie auseinandersetzte, charakterisierte sie treffend:

---

1 Homer, Ilias, II, 216 – 221

»Die Komödie ist, wie wir sagten, Nachahmung von schlechteren Menschen, aber nicht im Hinblick auf jede Art von Schlechtigkeit, sondern nur insoweit, als das Lächerliche am Häßlichen teilhat. Das Lächerliche ist nämlich ein mit Häßlichkeit verbundener Fehler, der indes keinen Schmerz und kein Verderben verursacht, wie ja auch die lächerliche Maske häßlich und verzerrt ist, jedoch ohne den Ausdruck von Schmerz.«[2]

Gegenstände des Spotts der antiken Komödie oder ihrer Spottdichtung konnten Intellektuelle wie Sokrates sein, den Aristophanes in seiner Komödie Die Wolken der Lächerlichkeit überführen wollte, aber auch alte Frauen, lüsterne ältere Männer, Prostituierte, Geizkrägen oder eben – die Rede ist vom römischen Dichter Martial – Juden. Auch hier, im Augusteischen Zeitalter, ist es die Häßlichkeit des Körpers, jetzt mit Blick auf das männliche Genital, und die Wut über Kritik, die die gedichtete Karikatur zum Ausdruck bringt:

Daß du grün vor Neid bist und überall meine Büchlein
heruntermachst, verzeih ich: Beschnittener Dichter, du bist klug.
Auch das kümmert mich nicht, daß du meine Gedichte,
obwohl du sie kritisierst,
ausplünderst: Auch darin, beschnittener Dichter,
bist du klug.
Das nur nervt mich, daß du, direkt aus Jerusalem
stammend,
es mit meinem Knaben treibst,
beschnittener Dichter...[3]

Eduard Fuchs – der Autor und sein Leben

Eduard Fuchs,[4] dessen erstmals 1921 erschienenes Buch *Die Juden in der Karikatur. Ein Beitrag zur Kulturgeschichte* hier in wichtigen Ausschnitten präsentiert wird, wurde 1870 in Göppingen als Sohn eines Ladenbesitzers geboren und starb im Januar 1940, nach Beginn des Zweiten Weltkriegs, in der Pariser Emigration. Im Alter von sechzehn Jahren Mitglied einer Vorgängerorganisation der SPD, der Sozialistischen Arbeiterpartei,

---

2   Aristoteles, Poetik, Stuttgart 1994, S. 17
3   Zitiert nach P. Schäfer, Judenhass und Judenfurcht. Die Entstehung des Antisemitismus in der Antike, Berlin 2010, S. 151
4   Th. Huonker, Revolution, Moral & Kunst. Eduard Fuchs: Leben und Werk, Zürich 1985

studierte er Jura, wurde in diesem Fach promoviert und ließ sich als Anwalt nieder. 1890 wurde er Redakteur der sozialdemokratischen »Münchner Post«, mit zweiundzwanzig Chefredakteur der satirischen Wochenzeitung »Süddeutscher Postillon«, später dann Mitherausgeber der »Leipziger Volkszeitung«. Seine engagierten Leitartikel brachten ihn, der den Kaiser als »Massenmörder« bezeichnete, mehrfach ins Gefängnis, wo er begann, Bildmaterial als Quelle für sozialhistorische Studien zu nutzen. Als Ergebnis dieser Studien erschien zunächst 1902 das Buch *Karikatur der europäischen Völker*. Nach Absitzen seiner Strafe zog Fuchs 1901 nach Berlin, wo er Herausgeber des »Vorwärts« wurde und an seinem Hauptwerk, der sechsbändigen *Illustrierten Sittengeschichte* arbeitete, deren letzter Band 1912 erschien. 1906 publizierte Fuchs das Buch *Die Frau in der Karikatur*, 1907 *Richard Wagner in der Karikatur*, 1921 dann *Die Juden in der Karikatur*. Später erweiterte Fuchs seine Interessen und befaßte sich in mehreren Publikationen mit chinesischer Kunst.

Als scharfer Kritiker von Eduard Bernsteins Revisionismus, der Politik der Mehrheitssozialdemokratie und deren Politik des »Burgfriedens« nach Beginn des Ersten Weltkriegs verließ Fuchs die SPD, sprach 1917 mit Emissären der Bolschewiki in Stockholm, war 1918 einer der Mitgründer des Spartakusbundes, verhandelte auf Aufforderung Rosa Luxemburgs mit Lenin über die Gründung der III. Internationale und wurde so 1919 zu einem der Gründer der KPD. In dem Internationalismus verpflichteten, die Sowjetunion und China unterstützenden Organisationen und Aktionen aktiv, näherte sich Fuchs, der Freund und Nachlaßverwalter von Franz Mehring, dem »rechten«, zeitweise ausgeschlossenen Flügel der KPD, der Gruppe um Heinrich Brandler und August Thalheimer an, forderte 1928 in einem Schreiben an Bucharin, er solle die schädliche Politik der Bolschewiki in der Sowjetunion beenden, und schloß sich nach seinem Austritt aus der KPD der Kommunistischen Partei Opposition (KPO) an. 1933 schon floh Fuchs nach Frankreich, war in Paris mit Walter Benjamin befreundet und wurde nach seinem Tod am 26. Januar 1940 auf dem berühmten Pariser Friedhof Père Lachaise beerdigt.

Walter Benjamin rezensiert Eduard Fuchs

Walter Benjamin, der sich 1940 beim Versuch der Flucht von Frankreich nach Spanien das Leben nehmen sollte, widmete Fuchs in der im Exil erscheinenden, von Max Horkheimer herausgegebenen

»Zeitschrift für Sozialforschung« einen ausführlichen Aufsatz unter dem Titel »Eduard Fuchs, der Sammler und Historiker«.[5]

Benjamin nutzte die Gelegenheit dieses von Horkheimer angeforderten Aufsatzes, um generell Fragen einer »materialistischen Kunstbetrachtung« zu erörtern und Fuchs, der 1937 noch lebte, zum Zeugen einer abgeschlossenen Epoche zu machen: »Das Lebenswerk von Eduard Fuchs«, so beginnt dieser Aufsatz, »gehört der jüngsten Vergangenheit an«, die, so dürfen wir schließen, für Benjamin 1937 abgeschlossen war. Zum Sammler wurde »dieser Materialist« durch das »mehr oder minder klare Gefühl für eine geschichtliche Lage, in die er sich selbst hineingestellt sah. Es war die Lage des historischen Materialismus.«[6] Benjamin verdeutlicht das von ihm Gemeinte mit einem Brief von Friedrich Engels an Franz Mehring, in dem es darum geht, den Schein einer selbständigen Geschichte der Staatsverfassungen, der Rechtssysteme etc. zu destruieren. Nicht nur für das Feld der Kunst hat das die Konsequenz, Epochen, genauer: die in einer Epoche entstandenen Werke aus ihrer vermeintlichen geschichtlichen Kontinuität, wie sie der Historismus vorgab, herauszusprengen. Diesem Postulat genügte Fuchs nach Benjamins Überzeugung nicht, denn: »Geschichtliches Verstehen faßt der historische Materialismus als ein Nachleben des Verstandenen auf, dessen Pulse bis in die Gegenwart spürbar sind. Dieses Verstehen hat bei Fuchs« – und das scheint Benjamins Generalvorbehalt zu sein –, »seine Stelle; jedoch keine unangefochtene. Eine alte, dogmatische und naive Vorstellung von der Rezeption steht bei ihm neben ihrer neuen und kritischen.«[7]

Vor weiteren, detaillierteren Argumenten geht Benjamin dann auf das Leben von Fuchs sowie auf sieben Hauptwerke ein, die für ihn vom ersten Band der *Illustrierten Sittengeschichte vom Mittelalter bis zur Gegenwart* aus dem Jahr 1909 bis zur Studie über *Tang Plastik* aus dem Jahr 1924 reichen – ohne daß die 1921 erschienene Studie über *Die Juden in der Karikatur* Erwähnung gefunden hätte. Daraus läßt sich nur schließen, daß Benjamin dieses Buch entweder tatsächlich für minder bedeutsam hielt oder er andere Gründe hatte, es nicht zu erwähnen. Eine weitere Merkwürdigkeit: In Überlegungen zu Balzac, der ein Fuchs nahekommendes Bild vom Sammler gezeichnet habe, erwähnt Benjamin auch ein Buch von Edouard Drumont, *Les héros et les pitres*,[8] das 27 Personenportraits aus dem Frankreich des 19. Jahrhunderts enthält. Drumonts Buch erschien im Jahre 1900 – indes: Schon 1886 war aus der Feder desselben Autors eines der Hauptwerke des französischen Antisemitismus erschienen, *La France Juive*, 1892 hatte Drumont die Tageszeitung »La Libre Parole« gegründet, ein antisemiti-

---

5   W. Benjamin, »Eduard Fuchs, der Sammler und der Historiker«, in: ders., Gesammelte Schriften. Band II, 2, Ffm.1980, S. 465–505
6   Ebenda, S. 466
7   Ebenda, S. 468
8   Ebenda, S. 491

sches Kampfblatt, das unter diesem Titel noch bis 1937 existieren sollte. Fuchs erwähnt Edouard Drumont in seiner Studie durchaus und zwar dort, wo er auf die antisemitische Bewegung in Frankreich eingeht: »Ihr geistiges Haupt«, so Fuchs, »wurde der heute noch lebende getaufte Jude und Monarchist Edouard Drumont, ein ziemlich geschickter Schriftsteller, der sich durch sein 1887 erschienenes und auch ins Deutsche übertragene Buch *Das verjudete Frankreich* mit einem Schlage bei allen unkritischen Köpfen berühmt machte.«[9]

Daß Drumont ein getaufter Jude war, ist eine nie weiter bewiesene Legende. Zu fragen ist, ob Benjamin Leben, Werk und Bedeutung Drumonts so unbekannt waren, daß er ihn unkommentiert zitieren konnte. Immerhin: Benjamin schätzte einen rechtsradikalen Literaten, den der »Action Française« nahestehenden Léon Daudet, der Drumont bewunderte, durchaus und hatte 1924 das Blatt der Action Française abonniert – erst 1938 äußerte er in einem Brief an Horkheimer seine Abscheu vor Daudets Antisemitismus.[10] Daher ist davon auszugehen, daß Benjamin über Drumont zwar im Bilde war, er aber Gründe hatte, dessen Antisemitismus ebenso zu unterschlagen wie das Buch von Eduard Fuchs. War es die Vorsicht des unter erbärmlichen, ärmlichen Umständen in Paris lebenden Emigranten? Oder lag hier für Benjamin, der sich zwar viel mit dem Judentum, aber so gut wie überhaupt nicht mit dem Antisemitismus beschäftigte, eine Unsicherheit in der Beurteilung der Sache vor?[11]

Eduard Fuchs fragt nach den Ursachen des Judenhasses

Das gilt allemal für Benjamins Rezensionsgegenstand Eduard Fuchs, der gewiß kein Antisemit sein wollte. Zu Beginn des fünften Kapitels von Fuchs' Studie, in dem es unter dem Titel »Warum sind die Juden von aller Welt gehaßt?« um den Antisemitismus gehen soll, stellt er fest:

Der Jude trug durch die Geschichte nicht nur den größeren Geldsack, ... sondern ... fast die ganze Zeit eine Welt von Haß ... Er trug eine Welt von Haß mit sich herum, wie sie außer ihm niemals einem anderen Volk zuteil wurde ... Seine Formen waren immer ähnliche oder die gleichen: gesellschaftliche Ächtung, Verspottung, Verfolgung,

---

9   E. Fuchs, Die Juden in der Karikatur. Ein Beitrag zur Kulturgeschichte. Mit 307 Textillustrationen und 31 schwarzen und farbigen Beilagen, München: Albert Langen 1921. Hier verwendeter Nachdruck Berlin: Verlag Klaus Guhl 1985, S. 243
10 J-M.Palmier, Walter Benjamin, o.O.: Suhrkamp 2009, S. 139
11 Die Thematik judenfeindlicher Karikaturen für die Wende vom 19. zum 20. Jahrhundert ist in einer außerordentlich sorgfältigen und innovativen Arbeit, die eigentümlicherweise Fuchs nicht aufführt, vertieft worden: R. Schleicher, Ikonographie des Antisemitismus – Studien zur Bildpublizistik in Frankreich und Deutschland (1871–1914). Unveröffentliche Inauguraldissertation, Ffm. 2006

Vertreibung, systematische Ausplünderung, Einzelmord, gesteigert bis zur Abschlachtung ganzer jüdischer Bevölkerungen.[12]

Dabei bezieht sich Fuchs keineswegs nur auf längst vergangene Zeiten, sondern exakt auf seine eigene Zeit, die Zeit der Russischen Revolution und des 1921 noch keineswegs beendeten russischen Bürgerkriegs:

An die Qualen, denen die Ostjuden während des Weltkrieges (des Ersten Weltkriegs!) überantwortet waren, an die Scheusäligkeiten der konterrevolutionären Horden unter Koltschak und Wrangel, an die Bestialitäten der ungarischen Horthyoffiziere – an diese modernsten Judenverfolgungen reicht nichts von dem heran, was die Vergangenheit an Judenverfolgungen aufzuweisen hat. So schrecklich die Judenvertreibungen, die Judenverbrennungen des Mittelalters mitunter auch waren, sie verblassen gegenüber den Massenfolterungen und Massenschlachtungen während der letzten Jahre. Und die hierfür Verantwortlichen sitzen in allen Ländern. Nur Sowjetrußland ist von dieser Schmach frei.[13]

Fuchs sucht die Antwort auf seine Frage, die auch die Lösung des Rätsels des blutigen zeitgenössischen Judenhasses bringen soll, in einer materialistischen Geschichtsbetrachtung, die die Kultur einer Gesellschaft oder einer Zivilisation ganz und gar auf deren ökonomische Grundlagen verrechnet und sich daher mit der Geschichte des Judentums in Europa auseinandersetzen muß. Für die Lösung des »Grundproblems«, das sich Fuchs selbst gestellt hat, nämlich der Frage, ob ein innerlich bedingter Widerspruch »zwischen der geistigen Wesenheit des Judentums und derjenigen der in Europa vor dem Auftreten der Juden ansässigen Völker«[14] existiere, gebe es »nur einen einzigen größeren und bedeutsamen Beitrag«, nämlich das Buch von Werner Sombart *Die Juden und das Wirtschaftsleben*.[15]

Auch in einer weiteren, für Fuchs bedeutsamen Frage, ist Sombart sein einziger Gewährsmann, nämlich der Frage nach der innerlichen Verwandtschaft von dem, was er als »amerikanischen« beziehungsweise »jüdischen« Geist versteht.[16]

Fuchs hat insoweit recht, als es zwar schon vor Sombarts Buch *Die Juden und das Wirtschaftsleben*[17], das erstmals 1911 erschien, andere Darstellungen jüdischer Wirtschaftsgeschichte in Europa gab, aber erst Sombart diese Geschichte auf die Frage nach einem »Widerspruch« von jüdischem Geist und dem Geist der nordischen Völker zuspitzte. Sombart war freilich keineswegs der erste, der sich dieser Thematik annahm: So publizierte Wilhelm Roscher

---

12 Eduard Fuchs, a.a.O., S. 75/76
13 Ebenda
14 Ebenda, S. 7
15 Ebenda, S.8
16 Ebenda, S. 58
17 Leipzig 1911, hier zitiert nach einem fotomechanischen Nachdruck, Bibliolife, o.O.o, J.

1875 einen längeren Aufsatz zum Thema »Die Juden im Mittelalter betrachtet vom Standpunkte der allgemeinen Handelspolitik« und Georg Caro 1908 eine heute freilich als überholt geltende Abhandlung »Sozial- und Wirtschaftsgeschichte der Juden im Mittelalter und der Neuzeit«[18]. Den elften Band von Heinrich Graetz' umfassender *Geschichte der Juden* – er erschien 1870 und setzte sich mit dem Antisemitismus auseinander – scheint Fuchs erst gar nicht zur Kenntnis genommen zu haben. Dort erwähnt Graetz neue Feinde der Juden:

Ein anderer Erzfeind ist für die Juden in den letzten Jahrzehnten aufgetaucht, nicht unter dem Zeichen des Kreuzes, sondern unter der Maske der Rassenüberhebung. Ein Phrasenheld hatte in der Tagesliteratur ein zündendes Wort hineingeworfen, daß die möglichen Abkömmlinge von Sem, die Juden, Araber und andere sprachverwandte Völkerschaften, Semiten genannt, an Geisteskraft, Leistungsfähigkeit, schöpferischer Erfindungsgabe tiefer stünden als die Arier, die indoeuropäischen Völkerschaften ... Aus dieser verderblichen Vorspiegelung entnahmen die Judenfeinde – sie nennen sich heute Antisemiten – die Berechtigung, die Juden zu ächten und sie allenfalls in untergeordneter Stellung als Gäste zu dulden, da die Erde von Rechts wegen den Ariern gehöre.[19]

Keine dieser Untersuchungen erreichte freilich jene Verbreitung und Popularität, die Sombarts Buch erzielte, – ein Buch, von dessen Aussagen noch Adorno und Horkheimer in ihren – in der *Dialektik der Aufklärung* enthaltenen – »Elementen des Antisemitismus« abhängig sind. Da Fuchs in seinen historischen Aussagen ausnahmslos Sombarts Ergebnisse geradezu paraphrasierend übernimmt, ist ein Blick auf diese Gestalt und ihr Werk unerläßlich.

Der Gewährsmann und Kronzeuge: Werner Sombart

Werner Sombart, der 1863 geboren wurde, seit 1890 in Breslau Staatswissenschaften lehrte und sich vor allem der Wirtschaftsgeschichte zuwandte, war einer der wenigen deutschen Professoren der wilhelminischen Zeit, die in ihrem Werk Karl Marx positiv bewerteten – vor allem in seinem 1896 publizierten Buch *Sozialismus und soziale Bewegung im 19. Jahrhundert*. Andere Bücher befaßten sich sowohl mit der Kultur des Proletariats (*Das Proletariat. Bilder und Studien*, Berlin 1906) und mit der Frage *Warum gibt es in den USA keinen Sozialismus?* (ebenfalls 1906) als auch mit der Rolle des Luxus in der

---

18 M. J. Wenninger, »Juden als Münzmeister, Zollpächter und fürstliche Finanzbeamte im mittelalterlichen Aschkenas«, in: M. Toch (Hrsg.), Wirtschaftsgeschichte der mittelalterlichen Juden, München 2008, S. 135
19 H. Graetz, Geschichte der Juden, Leipzig 1870, S. 553 f.

Entwicklung des Kapitalismus (*Luxus und Kapitalismus*, 1913) und mit der Gestalt des *Bourgeois* (ebenfalls 1913). 1915 publizierte der Kriegssozialist »Patriotische Besinnungen« unter dem Titel *Händler und Helden*, um sich schließlich 1924 in zwei Bänden mit dem Marxismus zu befassen (*Der proletarische Sozialismus*).

1934 endlich veröffentlichte Sombart, der sich inzwischen zum Nationalsozialismus bekannt hatte, die Schrift *Deutscher Sozialismus*, die angeblich von den Machthabern des Nationalsozialismus als nicht genügend nationalsozialistisch ebenso abgelehnt wurde, wie Studenten vom Besuch der Vorlesungen des emeritierten Professors abgeraten worden sei. In der 1938 publizierten Schrift *Vom Menschen* habe er sich von den NS-Rassetheorien distanziert. Sombart starb 1941 in Berlin.

Sombart, dem es sichtlich darum ging, Max Webers 1904/1905 erstmals publizierte Studie *Protestantische Ethik und der Geist des Kapitalismus* mindestens zu ergänzen, wenn nicht gar zu übertrumpfen, will zunächst das Wesen des besonders in den USA wirksamen Kapitalismus, genauer dessen »Geist«, den Weber dem Prädestinationsglauben der Calvinisten zugeschrieben hatte, erklären, denn, so Sombart, »das, was wir Amerikanismus nennen, ist ja zu einem sehr großen Teile nichts anderes als geronnener Judengeist«.[20]

Sombart ist ein dem eigenen Anspruch nach methodologisch skrupulös vorgehender Wirtschaftshistoriker, dem die Problematik des Beleges einer historischen These auf einer mehr als dünnen Quellenlage ebenso bewußt ist wie die Schwierigkeit der Definition seines Gegenstandes. Sombarts Generalthese besagt, daß es die Juden waren, die den modernen Kapitalismus wesentlich beeinflußt, wenn nicht gar geschaffen haben, weshalb er sich bei seinen Untersuchungen auf den Zeitraum vom Ende des 15. Jahrhunderts an beschränken will. Unter »Juden« versteht er – eine folgenreiche Bestimmung – Angehörige des Volkes, das sich zum mosaischen Glauben bekennt, sowie aber auch jeden, der aus dieser Glaubensgemeinschaft ausscheidet. Bei dem Bemühen, den Anteil der Juden am Wirtschaftsleben zu bestimmen, erweise sich »als lästiges Hindernis der Umstand, daß immer wieder als Christen Leute erscheinen, die Juden sind, nur weil sie oder ihre Vorfahren einmal getauft wurden«.[21]

Angesichts der unbefriedigenden Quellenlage sieht Sombart sich gezwungen, die »statistische Methode«, die eine wenn auch lückenhafte Auskunft über die Erwähnung von Juden in Wirtschaftsgeschäften der frühen Neuzeit ermöglicht, durch ein qualitatives Verfahren, die »genetische« Methode, nicht nur zu ergänzen:

Das aber können wir am ehesten, wenn wir untersuchen: ob bestimmte, unser Wirtschaftsleben besonders auszeichnende Züge ihre erste entscheidende Prägung etwa

---

20 W. Sombart, Die Juden und das Wirtschaftsleben, a.a.O., S. 44
21 Ebenda, S. 9

von den Juden erfahren haben: sei es, daß gewisse äußere Gestaltungen standortlicher oder organisatorischer Natur auf ihre Wirksamkeit sich zurückführen lassen, sei es, daß Geschäftsgrundsätze, die sich zu allgemeinen, unser Wirtschaftsleben tragenden Wirtschaftsmaximen ausgewachsen haben, aus spezifisch jüdischem Geist ausgewachsen haben.[22]

Es waren demnach die Juden, die innerlich und äußerlich Ausbau und Aufbau des modernen Kapitalismus angestoßen haben, und das heißt: »die innerste Idee des Kapitalismus« zu ihrer »vollen Entwicklung«[23] gebracht haben. Dieser Geist des Kapitalismus besteht in der in einem religiösen Intellektualismus begründeten Versachlichung aller wirtschaftlichen Beziehungen und dem daraus erwachsenden Vermögen und Interesse, sich der Geldleihe zu verschreiben. Tatsächlich kann Sombart statistisch quellenbezogen zeigen, daß immer auch Juden oder Personen jüdischer Herkunft an der Entwicklung von Wechseln, Banknoten und Wertpapieren beteiligt waren, ohne daß er doch dem Anteil von Nichtjuden, Lombarden oder den deutschen Handelshäusern der Fugger und Welser auch nur die geringste Aufmerksamkeit gewidmet hätte.

Gleichwohl: Auch die neueste Forschung bestätigt für das hohe und späte Mittelalter sowie für die frühe Neuzeit, daß Juden in überrepräsentativ hohen Anteilen am Geldgeschäft beteiligt waren.[24] Während Sombarts Studie ihren ersten großen Abschnitt, er ist mit der Überschrift »Der Anteil der Juden am Aufbau der modernen Volkswirtschaft« betitelt, mit Überlegungen zur »Herausbildung einer kapitalistischen Wirtschaftsgesinnung« schließt, weist das Buch noch zwei weitere große Abschnitte auf, in denen sich der Autor weitestgehend der Arbeit an Quellen entledigt und sich – im Stile Max Webers – theoretisch mit der Passung der jüdischen Religion für das kapitalistische Wirtschaften befaßt – ein Abschnitt, der mit dem zwölften Kapitel, in dem es um »Jüdische Eigenart« geht, endet. Er leitet schließlich zum dritten großen Abschnitt über, der sich der Frage widmet, »Wie jüdisches Wesen entstand«, ein Abschnitt, der bereits mit einem Kapitel über das »Rassenproblem« beginnt, der in vier Unterabschnitte geteilt ist: »Die anthropologische Eigenart der Juden«, »Die jüdische Rasse«, »Die Konstanz des jüdischen Wesens« sowie »Die rassenmäßige Begründung volklicher Eigenschaften«.

Man versteht den in sich logischen Aufbau dieses Buches freilich nur, wenn man die eigenartige Rezeption Marxscher Gedanken durch Sombart zur Kenntnis nimmt. Beim späten Marx immerhin, im vierundzwanzigsten Kapitel des ersten Bandes des *Kapitals*, ist es noch die gewaltsame ursprüngliche Akkumulation, das heißt: die gewaltsame Freisetzung von Personen, die um ihres

---

22 Ebenda, S. 5
23 Ebenda, S. 24
24 M. Toch, »Economic Activities of German Jews in the Middle Ages«, in.: M. Toch (Hrsg.), Wirtschaftsgeschichte der mittelalterlichen Juden, München 2008, S. 210

physischen Überlebens willen ihre Arbeitskraft verkaufen müssen, die die Ausbildung der frühen kapitalistischen Wirtschaft ermöglicht. Indes – auch bei Marx, in den vorhergehenden systematischen Teilen des *Kapitals*, wo es um die Wert- und die Geldform geht – kommt zur gewaltsamen Aneignung fremder Arbeitskraft ein systematisches Moment hinzu, nämlich die Entstehung des Geldes als alle Gebrauchswerte äquivalent setzendes Medium. Entsprechend ist es auch bei Sombart vorletzten Endes das Geld und letzten Endes der Geldverleih, der den Kapitalismus ermöglichte, Ausführungen, die – ihrer zentralen Bedeutung auch noch bei Eduard Fuchs wegen – ausführlich wiedergegeben werden sollen:

Denn: aus der Geldleihe ist der Kapitalismus geboren. Seine Grundidee ist schon in der Geldleihe im Keime enthalten; seine wichtigsten Merkmale hat er aus der Geldleihe empfangen. In der Geldleihe ist alle Qualität ausgelöscht und der wirtschaftliche Vorgang erscheint nur noch quantitativ bestimmt. In der Geldleihe ist das Vertragsmäßige des Geschäfts das Wesentliche geworden: die Verhandlung über Leistung und Gegenleistung, das Versprechen für die Zukunft, die Idee der Lieferung bilden seinen Inhalt. In der Geldleihe ist alles Nahrungsmäßige verschwunden. In der Geldleihe ist alle Körperlichkeit (alles »Technische«) ausgemerzt: die wirtschaftliche Tat ist rein geistiger Natur geworden. In der Geldleihe hat die wirtschaftliche Tätigkeit als solche allen Sinn verloren: die Beschäftigung mit Geldausleihen hat aufgehört, eine sinnvolle Betätigung des Körpers wie des Geistes zu sein. Damit ist ihr Wert aus ihr selbst in ihren Erfolg verrückt. Der Erfolg allein hat noch Sinn. In der Geldleihe tritt zum ersten Mal ganz deutlich die Möglichkeit hervor, auch ohne eigenen Schweiß durch eine wirtschaftliche Handlung Geld zu verdienen; ganz deutlich erscheint die Möglichkeit: auch ohne Gewaltakt fremde Leute für sich arbeiten zu lassen. Man sieht: in der Tat sind alle diese eigentümlichen Merkmale der Geldleihe auch die eigentümlichen Merkmale aller kapitalistischen Wirtschaftsorganisation.[25]

Zu beantworten ist dann nur noch die Frage, welche kulturellen, religiösen Haltungen und welche Herrschaftsdynamik Menschen dazu disponierten, derartige wirtschaftliche Handlungen zu vollziehen. Für Sombart kann kein Zweifel daran bestehen, daß es sich um die jüdische Religion, den, wie er schreibt, »echten, unverfälschten Judenglauben«[26] handelt, der dazu vorzüglich disponiert. Seine Referate aus Religionsgeschichte und zeitgenössischer jüdischer Theologie bewegen sich dabei durchweg auf vergleichsweise hohem zeitgenössischen Niveau, wobei naturgemäß bibelwissenschaftliche Fragen eine zentrale Rolle spielen, insbesondere jene Perikope aus dem Deuteronomium, in der es heißt: »Du sollst deinem Bruder keinen Zins auferlegen, keinen Zins an Geld, Zins an Speise, Zins an irgend etwas, das Zins frißt. Dem Fremden magst du Zins auferlegen, deinem Bruder aber darfst du nicht Zins auferlegen,

---

25 Sombart a.a.O., S. 222/223
26 Ebenda, S. 231

auf daß der Ewige, dein Gott, dich segne in jeglichem Unternehmen deiner Hand, in dem Land, dahin du kommst, um es in Besitz zu nehmen.« (Deut 23,20) Das rabbinische Judentum hat dieses Prinzip in der Mischna, im Traktat Baba Mesia, V. 6, in der späten Antike beglaubigt.

Sombart nimmt sehr wohl zur Kenntnis, daß sich in der Tora auch »fremdenfreundliche« Passagen finden, qualifiziert diese jedoch als »apologetisch« ab und übergeht – bei all seiner Belesenheit – den Umstand, daß die rabbinische Debatte spätestens seit Hillel mit dem Institut des »Prosbol« ganz offensichtlich auch das Zinsnehmen von Juden untereinander positiv sanktionierte.[27] Zudem deutet Sombart die alttestamentliche Weisung, daß man von Fremden Zins nehmen dürfe, in das strikte Gebot um, Zins nehmen zu sollen.

Die systematische Gliederung von Sombarts Buch stellt insbesondere in seinem ersten Abschnitt die auch »statistisch« aus den Quellen erweisbare Dynamik der kapitalistischen Entwicklung dar, während es im zweiten und dritten Abschnitt vor allem um die innere, die »Entwicklungslogik« des Kapitalismus geht, die wesentlich »jüdisch« sei. Freilich sieht sich Sombart jederzeit und grundsätzlich durch Max Webers Studie zur »Protestantischen Ethik« herausgefordert, weswegen – hier ist nun ein Rückgriff unumgänglich – die Frage nach dem Puritanismus und dessen dynamischem und logischem Einfluß zu stellen ist. Als Befürworter eines »Deutschen Sozialismus« lange vor der Machtübernahme durch die Nationalsozialisten, schon im Zeitalter des imperialistischen Aufstrebens des Wilhelminischen Reiches, ging es Sombart darum, das Verhältnis von Kapitalismus und »Amerikanismus« zu klären.

USA, Kapitalismus und Judentum stellen für Sombart einen einzigen, logisch und dynamisch miteinander verbundenen Konnex dar: »Amerika«, so heißt es gleich zu Beginn des vierten Kapitels, »in allen seinen Teilen ist ein Judenland«,[28] Juden seien schon mit der Entdeckung Amerikas so eng verbunden, »als ob die Columbusse nur die Geschäftsführer Israels gewesen seien«.[29] Ein Blick auf »die ältesten Porträts des Amerika-Entdeckers« zeige »einen echt jüdischen Gesichtstypus«.[30]

Vor dem Hintergrund von Untersuchungen aus Quellen, in denen jüdische Kolonisten in Lateinamerika, den karibischen Inseln und auch den nordamerikanischen Kolonien genannt werden, hält der Wirtschaftshistoriker gegen den naheliegenden Hinweis, daß sich um 1911 unter den ganz großen Magnaten und Industriellen der USA nicht allzu viele jüdische Namen finden, trotzig an seiner Grundüberzeugung fest, »daß vielleicht kein Land mehr als die Vereinig-

---

27 Encyclopedia Judaica, Vol. 13, S. 1181 Jerusalem o. J.
28 Sombart a.a.O., S. 31
29 Ebenda, S. 32
30 Ebenda, S. 33

ten Staaten angefüllt (ist) mit jüdischem Wesen bis oben hinaus«.[31] Als Beweis dienen hier nicht nur keineswegs besonders gut belegte Hinweise auf jüdische Heereslieferanten im antibritischen Unabhängigkeitskrieg, vage, dünn belegte Behauptungen, daß bei der Besiedlung des riesigen Territoriums bis weit in den Westen auch immer jüdische »Shopkeeper« dabeigewesen seien, sondern natürlich auch Hinweise auf Banken, die sich im Besitz von Juden befinden. Beunruhigt ob der beobachteten hohen jüdischen Immigration in die USA hat Sombart eine apokalyptische Vision: »So erscheinen die Vereinigten Staaten nach 50 oder 100 Jahren in unserer Phantasie ganz deutlich als ein Land, das nur noch von Slaven, Negern und Juden bewohnt sein wird und in dem die Juden natürlich die wirtschaftliche Hegemonie an sich gerissen haben.«[32]

Daß diese Phantasien nichts mit der Wirtschafts- und Besiedlungsgeschichte der USA im allgemeinen[33] sowie speziell mit der Einwanderungs- und Siedlungsgeschichte der Juden in die und in den USA[34] zu tun hat, konnte die historische Forschung längst zeigen. Zwar: Jüdische Männer und Frauen fungierten als Kleinhändler und Hausierer in ländlichen Gebieten und Kleinstädten des amerikanischen Südens, Westens und Südwestens.[35] Aber: Kleinhandel und Hausiererei als Grundlage des US-amerikanischen Kapitalismus?

Diesem jedenfalls für heutige Begriffe eindeutig antisemitischen Vorspiel mußten dann zwingend völkerpsychologische Erörterungen folgen, die ihrerseits mit ebenso zwingender Logik in einer rassebiologischen Betrachtung endeten. Sich wohl dessen bewußt, daß seine Überlegungen und Hypothesen zum jüdischen »Intellektualismus«[36] und der entsprechenden geistigen Disposition zum Kapitalismus nur aus den historischen und ökonomischen Quellen nicht zu belegen sind, präferiert Sombart schließlich ein dem wissenschaftlichen ebenbürtiges »künstlerisches« Verfahren, eine Wesensschau: »Mittels seiner schaut eine dazu veranlagte Persönlichkeit jenes auf wissenschaftlichem Wege mühsam errichtete Gedankengebilde als lebendiges Wesen mit seinem inneren Gesicht, sie schafft es mit Hilfe ihrer Intuition, wie wir zu sagen pflegen.«[37]

Dann aber zeigt sich, daß das Wesen der Juden nicht nur in ihrer geradezu genialen Anpassungsfähigkeit an die Eigenschaften anderer Völker liegt, son-

---

31 Ebenda, S. 39
32 Ebenda, S. 41
33 W. P. Adams u.a. (Hrsg.), Fischer Weltgeschichte. Die Vereinigten Staaten von Amerika, Ffm. 1977, S. 184 – 234
34 E. Faber, »Americas Earliest Jewish Settlers«, in: M.L. Raphael, The Columbia History of Jews & Judaism in America, S. 21-46; D. Ashton, »Expanding Jewish Life in America«, 1826–1901, in: ebenda, S. 47-69; E. L. Goldstein, »The Great Wave: Eastern European Jewish Immigration to the United States, 1880–1924«, in: ebenda, S. 70-92
35 H. R. Diner, »Entering the Mainstream of Modern Jewish History: Peddlers and the American Jewish South«, in: Southern Jewish History 8 (2005) S. 1-30
36 Sombart, a.a.O., S. 313
37 Ebenda, S. 307

dern auch, daß ihre Haltung zur Welt nicht gewachsen, sondern gemacht sei. Der gute kapitalistische Unternehmer und der »Jude« weisen strukturanaloge Eigenschaften auf: Sie sind sicher in der Beurteilung von Menschen und Sachlagen, also »klug«; reich an Einfällen, also »geistvoll«; »nüchtern«, also »frei von leidenschaftlichen Affekten«, und »tüchtig«: »geschäftlich zuverlässig, pflichttreu, ordnungsliebend und sparsam ... Ich denke«, so Sombart, »mit diesen wenigen Strichen ist ebenso der gute kapitalistische Unternehmer wie der Jude in wichtigen Grundzügen gezeichnet.«[38]

So bleibt am Ende nur noch die Frage zu beantworten, wie dieses jüdische Wesen entstand, denn anders als Weber, der sich mit dem Aufweis der funktionalen Strukturanalogie von calvinistischem Prädestinationsglauben und der Motivation zur Kapitalbildung begnügte, will Sombart auch noch über die einfache Wirtschafts- und Religionsgeschichte hinaus die letzten Ursachen jüdischer, kapitalistischer Geistigkeit ergründen. So befaßt er sich im dritten Abschnitt seines Buches, es steht unter dem Titel »Wie jüdisches Wesen entstand«, zunächst mit dem, was er als das »Rassenproblem« bezeichnet, um sich im vierzehnten, dem letzten Kapitel mit dem »Schicksal des jüdischen Volkes« auseinanderzusetzen. Sombart hält es für möglich, daß erworbene Eigenschaften vererbt, aber auch, daß ererbte Eigenschaften wieder getilgt werden, so daß sich die Frage stellt, »ob die Juden eine besondere Spielart oder Unterart der Menschheit bilden, die sich blutmäßig von den Völkern, unter denen sie leben, unterscheidet ...«[39] – wobei er durchaus auch »elementare« oder »gemischte« Eigenschaften für möglich hält. Vor dem Hintergrund der Wissenschaft seiner Zeit sind seiner Meinung nach diese Fragen »in den entscheidenden Punkten geklärt«.[40] Demnach gilt, trotz Untersuchungen über Proselytismus und das Vorkommen blonder Juden, eine angeblich von der damaligen Forschung weithin akzeptierte Meinung: »daß der jüdische Volksstamm etwa seit Esras Zeiten bis heute im wesentlichen sich unvermischt fortgepflanzt hat, seit mehr als 2000 Jahren also eine von fremden Völkern unberührte, ethnisch eigenartige Menschengruppe darstellt«. Daß »Tropfen fremden Blutes« viele Völker infiltriert hätten, so geht Sombart auf mögliche Einwände ein, »wird natürlich von niemandem geleugnet. Aber man glaubt, daß diese Vermischungen zu unbedeutend sind, um den ethnischen Charakter des jüdischen Volkes wesentlich zu beeinflussen.«[41]

Antiker Proselytismus, der Übertritt der Khazaren sowie sogenannte »Mischehen« werden zwar von ihm eingeräumt, aber für unerheblich erklärt, vor allem aber legt Sombart Wert darauf, daß speziell eine »Vermischung mit

---

38 Ebenda, S. 334
39 Ebenda, S. 338
40 Ebenda, S. 340
41 Ebenda, S. 342

den nordischen Völkern in irgendwie erheblichem Umfang ... nun ganz und gar außer dem Bereiche aller Wahrscheinlichkeit« liegt.[42] Es wird sich zeigen, daß Eduard Fuchs zumal diese Annahme teilt. Umfangreiche Erörterungen über das Vorkommen jüdischer Blondhaariger sowie einer »anthropologischen Homogenität« aufgrund anatomischer Untersuchungen wie Schädelmessungen ergänzen Sombarts Beweisführung, vor allem aber dient »die physiognomische Verwandtschaft der Juden« in der Gegenwart als Beleg. Probleme bereiten dann die Habsburger ob ihrer hängenden Lippen und die französischen Könige ob ihrer »starken Nasen«.[43]

Ob all das zureicht, von einer »jüdischen Rasse« zu sprechen, dessen scheint sich Sombart selbst zunächst unsicher zu sein, setze das doch eine eindeutige, wissenschaftlich gesicherte Definition von »Rasse« voraus, die aber nicht vorliege.

Nach außerordentlich skrupulösen Erwägungen und der Rezeption einer Fülle zeitgenössischer Literatur kommt Sombart zu dem Schluß, daß es sich dabei nur um einen Streit um Worte handele. Was es aber mit Bestimmtheit gebe, sei »eine anthropologische Eigenart der Juden«. Immerhin räumt er ein, daß man über einen »Zusammenhang zwischen bestimmten somatischen ... Merkmalen und dem psychischen Gehaben von Menschen«[44] nichts wisse. Gleichwohl bedient sich Sombart am Ende seiner Erwägungen einiger Ausführungen des Soziologen und frühen Zionisten Arthur Ruppin, der einerseits mit Blick auf »Mischehen« unter Menschen weißer Hautfarbe jede »Rassenverschiedenheit« abgestritten hat, derweil – so das von Sombart wiedergegebene Zitat Ruppins – als sicher gelten könne, »daß die Bekenner der mosaischen Religion noch gegen Ende des 18. Jahrhunderts nach vielen Jahrhunderten strengster Inzucht innerhalb eines relativ kleinen und räumlich beschränkten Kreises eine durch anthropologische Merkmale von einer christlichen Umgebung scharf unterschiedene Gemeinschaft bildeten. Die Gesamtheit derjenigen Personen«, so Ruppins Fazit, »welche genealogisch von dieser Gemeinschaft abstammen, kann man – mangels eines besseren Wortes für anthropologisch einheitliche Menschengruppen – als eine Rasse und zwar als die jüdische Rasse bezeichnen.«[45]

Tatsächlich wurde Sombart gerade von zionistisch gesonnenen Juden damals außerordentlich geschätzt.[46] Nun ist mit Sombarts Ziel, eine »Konstanz des jüdischen Wesens«[47], und zwar insbesondere im Bereich des Wirtschaftens nachzuweisen, allenfalls ein Anfang gemacht. Bedeutsam und erklärungsbe-

---

42 Ebenda, S. 345
43 Ebenda, S. 348
44 Ebenda, S. 385
45 Ebenda, S. 354
46 F. Lenger, Sombart (1863–1941). Eine Biographie, München 2012, S. 201–218
47 Sombart, a.a.O., S. 154

dürftig erscheint als nächster Schritt der Umstand immerwährender Abneigung und Verfolgung, die Juden seitens ihrer Umwelt zu erleiden hatten. Am Ende, nachdem sich Sombart ausführlich über die Flexibilität und das Überlebenstalent der Juden trotz aller Verfolgungen ausgelassen hat, geht er auf die jüdische Religion ein, und zwar so, daß er »ohne Bedenken aus der Eigenart der jüdischen Religion« mit ihrem Intellektualismus, Rationalismus und Teleologismus »auf die volkliche Eigenart der Juden zurückschließen« darf.[48] Sie aber verweist auf nichts anderes als auf eine besondere »Begabung für Geldgeschäfte«, die sich schon – Sombart ist stets bemüht, quellennah zu argumentieren – an talmudischen Schriften bzw. den Einsichten der Rabbinen zeige: Sie, die Rabbinen, sprechen so, »als hätten sie mindestens Ricardo und Marx gelesen, oder als wären sie ein paar Jahre als Broker auf der Stock exchange oder als Prokuristen in einer großen Spekulationsbank oder als Rechtsanwälte in Wucherprozessen tätig gewesen«.[49] Als Beweis für diese starke Behauptung bietet Sombart unterschiedliche, stark selektiv referierte Talmudpassagen auf.

Vor dem Hintergrund dieser Analysen stellt sich Sombart am Ende seines Buches die Aufgabe, folgende Annahmen zu überprüfen: die ursprünglichen Veranlagungen und die Vermischung jener Rassen, aus denen sich das jüdische Volk zusammensetzt, die – Sombart denkt darwinistisch – »Auslese«, die sich in historischer Zeit vollzogen habe. Nur wenn diese möglichen Erklärungsgründe versagen, dürfe eine rein soziologische und historische Erklärung bemüht werden, daß nämlich die Juden »in historischer Zeit bestimmte Eigenschaften erworben«[50] hätten. Freilich verheißt Sombart, daß es gar nicht nötig sein werde, diese »Hilfskonstruktion« zu bemühen, da die drei ersten Ansätze das »jüdische Wesen« hinreichend erklären: »Ist das aber möglich, so ist damit auch die blutmäßige Verankerung dieses Wesens erwiesen, und es entfällt die an sich sehr unwahrscheinliche Hypothese, daß die durch Jahrtausende sich gleich bleibende Eigenart eine bloße Übung gewesen sei, von der das Blut nichts gewußt habe.«[51]

Welthistorisch ist dann der Umstand zu betrachten, daß ein orientalisches Volk »unter Nordlandsvölker verschlagen wurde und mit diesen eine Kulturpaarung einging«.[52] Souverän werden Fragen wie die, ob dieses orientalische Volk Semiten oder Hethiter gewesen seien, zugunsten der Tatsache, daß es in völlig fremder Umgebung seine »besten Kräfte verzehrt«[53] habe, zurückgestellt. Dem folgt eine psychogeographische Überlegung zur Herkunft der Hebräer aus Wüstengebieten sowie zu einem stark familiengebundenen, den

---

48 Ebenda, S. 361
49 Ebenda, S. 377
50 Ebenda, S. 402
51 Ebenda, S. 402
52 Ebenda, S. 403
53 Ebenda, S. 404

Hebräern »im Blute steckende(n) Nomadismus und Saharismus«, die Sombart
aber strikt gegen jede antisemitische Verwendung verteidigen will. Indes sei es
ein Unding, aus dem Umstand, daß sich antisemitische Pamphletisten ebenfalls derartiger Überlegungen bedienen, »die Richtigkeit der Tatsache selbst
in Zweifel zu ziehen«.[54] Ebenso drücke die Charakterisierung von Menschengruppen als »Nomaden« keinerlei Geringschätzung aus. Gleichwohl gehe es
um den Nachweis der »Tatsache«: »die Juden, ein ewiges Wüsten-Wandervolk
durch Anpassung oder Auslese«.[55]

Ein wiederum höchst selektiver, gleichwohl in weiten Zügen stimmiger
Gang durch die jüdische Geschichte nicht erst seit der Zerstörung des Tempels
im Jahre 70 nach unserer Zeitrechnung belegt den Umstand einer diasporischen Kultur ebenso wie einer Kultur der Migration. Als anpassungsfähige
und bewegliche Nomaden stehen die Juden im Gegensatz vor allem zu den
seßhaften Bauernkulturen der Nordländer, sind als Nomaden stets auf eine bessere Zukunft ausgerichtet, zielstrebig und rastlos. Nomaden und Ackerbauer,
»Saharismus« und »Silvanismus« (d. h. Waldleben, M. B.) stoßen aufeinander
und bewirken eine welthistorische Neuerung: »Aus der unendlichen Wüste,
aus der Herdenwirtschaft erwächst das Widerspiel der alten bodenständigen
Wirtschaftsordnung: der Kapitalismus.«[56]

Doch sind Wüste und Wanderung nicht die einzigen »Schicksalsfügungen«, denen die Juden unterliegen, vor allem unterliegen sie dem einen großen
Schicksal – dem Geld: »daß sie die Hüter des Hortes durch Jahrtausende waren,
das hat tiefe Spuren in ihr Wesen eingeprägt und hat dieses Wesen in seiner Eigenart gesteigert«.[57] Die nicht zu überlesende Anspielung auf Richard Wagners
»Ring der Nibelungen«, in dem es der zum Drachen gewordene Riese Fafner ist,
der den Hort der Nibelungen, das »Rheingold«, bewacht, leuchtet die Szene,
in der sich Sombart bewegt, aus – zu fragen ist nur noch, ob den Juden das
Geld aufgedrängt wurde oder sie es gesucht haben. Beide Entstehungsarten
werden in Erwägung gezogen, und wieder ist Sombart bemüht, durch eine
eigene Lesart biblischer Schriften zu zeigen, daß seit Davids und Salomos Zeiten in Jerusalem Gold gehortet worden sei. In diesem Zusammenhang zitiert
Sombart den babylonischen Talmud, Traktat Pesachim, 87 b, mit der Aussage eines Rab Alexandri: »Drei kehrten nach ihrer Heimat zurück«, und zwar:
»Jisrael, das Geld Micraims und die Schrift der Bundestafeln«, als Beweis für
die Anhäufung von Geld durch die Israeliten – ohne sich auch nur die Frage
nach der historischen Belegbarkeit einer solchen Behauptung zu stellen.[58] Vor
allem verdreht er die talmudische Aussage in ihr Gegenteil: will sie doch gerade

---

54 Ebenda, S. 408
55 Ebenda, S. 409
56 Ebenda, S. 425
57 Ebenda, S. 426
58 Ebenda, S. 428

belegen, daß das von den Kindern Israel mitgenommene ägyptische Gold eben nicht bei ihnen verblieben ist.

Am Ende ist es dann die »Inzucht«, die »Art erhaltend, Art verstärkend wirkte, ich möchte sagen, die physiologische Seite der jüdischen Nationalreligion«,[59] die Inzucht, die die Vererbung jüdischer Rassenmerkmale immer fester – Sombart zitiert einen anderen Autor zustimmend – »aufgeprägt« habe.[60] Schließlich stellt sich die Frage, was geschehen wird, wenn die »beiden eisernen Reifen«, Religion und Inzucht, die die Juden zusammenhielten, sich lockern. Das war nach Sombarts Eingeständnis nicht zu beantworten, denn »solange wir die Juden die eigentümliche Wirkung im Wirtschaftsleben ausüben sahen – also bis heute – hielten die Reifen fest«.[61]

Eduard Fuchs verdankt – darauf wurde schon hingewiesen – Sombart eingestandenermaßen Wesentliches. Läßt sich auf dieser Basis eine auch nur halbwegs emanzipatorische, aufklärerische Studie über den Antisemitismus erstellen?

Nachzutragen wäre noch, daß nicht nur ein linker Antisemitismuskritiker wie Fuchs, sondern auch der erklärte, unermüdliche Antisemit Theodor Fritsch sich ebenso zustimmend auf Sombart bezogen hat: Unter dem Pseudonym F. Roderich-Stoltheim publizierte Fritsch 1913 das Buch: *Die Juden im Handel und das Geheimnis ihres Erfolges. Zugleich ein Antwort und Ergänzung zu Sombarts Buch: ›Die Juden und das Wirtschaftsleben‹*. Ab 1919 betitelte Fritsch sein Buch: *Das Rätsel des jüdischen Erfolges*.

Eduard Fuchs – gewiß ein Antikapitalist! Aber ein Marxist?

Fuchs selbst stellt sich die Frage, warum es Judenhaß, Antisemitismus gab, und glaubt, die Antwort auf diese Frage in wenigen Sätzen geben zu können:

Die Massen erlebten die Entwicklung des Kapitalismus, die in der Form einer nie rastenden Umwälzung der Geldwirtschaft vor sich ging, niemals als Erlösung und Befreiung, sondern sie setzte sich für sie unter ständigen Nöten und Qualen durch, als da sind: immer wiederkehrende Krisen, Teuerung, Hungersnöte, wirtschaftlicher Bankrott der Kleinen und Kleinsten. Weil man nun infolge des engen geistigen Horizonts das wirkende Gesetz nicht erkannte, so sah man den Feind ... im menschlichen Instrument

---

59 Ebenda, S. 433
60 Ebenda, S. 434
61 Ebenda

Abb. 1: Rahel Szalit. Die Amerikafahrer: Die Sonne geht im Westen auf.

der Geldwirtschaft. Dieses aber war ... durch alle Jahrhunderte hindurch in stets hervorragender Weise der Jude. Der Jude ist das Instrument der Geschichte. Also empfing man auch anscheinend aus seiner Hand die fürchterlichsten Nackenschläge, unter denen Tausende jahraus, jahrein seufzten, unter denen Hunderte zusammenbrachen. Deshalb ist der Jude immer gehaßt. Alle Laster der Geldwirtschaft wurden auf sein persönliches Konto gebucht.[62]

Man beachte – jenseits der heute auf jeden Fall antisemitisch wirkenden Kollektivbezeichnung »der Jude« – die hinter der Analyse stehende Theorie: Der »Kapitalismus«, ein Begriff, der übrigens weder von Marx oder Engels, sondern von Werner Sombart geprägt wurde, erscheint hier als nichts anderes als eine in höchstem Grad intensivierte Form der Geldwirtschaft und nicht – wie man aus einer am Proletariat orientierten Revolutionstheorie schließen könnte – als gewaltsame und/oder rechtsförmige Aneignung von Arbeitskraft zum Erzielen von Mehrwert, ein Prozeß, den Marx im ersten Band des *Kapitals* im Zuge der Untersuchungen zur ursprünglichen Akkumulation bzw. der großen Maschinerie einer durchaus anderen Logik, nämlich einer Logik unmittelbarer Unterwerfung, zurechnet als lediglich den Zwängen der Geldwirtschaft. Auch Fuchs' weitergehende Analyse zeigt, wie sehr er den aus heutiger Sicht antisemitischen Annahmen seiner Zeit verhaftet ist, Annahmen, die er nicht grundsätzlich kritisiert, sondern in der Sache übernimmt und aus moralischen Gründen lediglich umdeutet:

In diesem Zusammenhang muß mit aller Deutlichkeit darauf hingewiesen werden, daß es absolut nicht der Rassenunterschied zwischen Orientale und Europäer ist, der den Haß gegen die Juden in seinem Kern begründet, sondern daß es einzig der Jude als Kapitalist ist, der den Haß auslöst. Jede geschichtliche Nachprüfung dieser Materie erweist, daß die andere Rasse immer nur dann und erst dann gehaßt wird, wenn sie als gefährlicher wirtschaftlicher Konkurrent auftritt.[63]

Als Beleg für diese These führt Fuchs den Haß amerikanischer Arbeiter auf japanische Arbeitsimmigranten an, die als Lohndrücker wahrgenommen wurden, um zu dem aus heutiger Sicht optimistischen Schluß zu kommen, daß der Rassenhaß sofort verstumme, wenn die wirtschaftlichen Gegensätze verschwinden. Ein Blick in die europäischen Kolonien in Afrika oder auch in die Südstaaten der USA und etwa auf den Ku Klux Klan hätte ihn schon 1920 belehren können, daß diese Annahme falsch ist und »Rassenhaß« auch dort existiert, wo keine unmittelbaren wirtschaftlichen Interessengegensätze zwischen Gruppen bestehen. Fuchs' Resümee:

Wo aber andererseits starke wirtschaftliche Gegensätze entstehen und die Träger der verschiedenen Interessen sich nach verschiedenen Interessen scheiden, da wandelt sich der Klassenhaß stets zuerst in Rassenhaß – es ist dies die niederste Stufe der Klas-

---

62 Fuchs, a.a.O., S. 80
63 Ebenda

Oben Abb. 2: Hausierer
G. Cruikshank. Englische Karikatur. 1832
Unten Abb. 3: Kleiderjuden
Englische Karikatur von Thomas Rowlandson

senkämpfe; der alte Wilhelm Liebknecht hat ein sehr treffendes Wort geprägt, als er sagte: »Der Antisemitismus ist der Sozialismus der dummen Kerle« – und der Haß der in ihrer Existenz sich bedroht fühlenden Klasse knüpft an die sogenannten Rassenunterschiede an, er wandelt den wirtschaftlichen Gegensatz zu einem moralischen und stempelt den Gegner als moralisch geringerwertig. Alles das, was den anderen von ihm unterscheidet, gilt als das spezifisch Minderwertige. Da diese Methode in Europa seit Jahrhunderten gegenüber den Juden geübt wird, so rührt daher die Überheblichkeit aller Ganz- und Halbspießbürger über die Juden.[64]

Bestätigt das von Fuchs vorgelegte karikaturistische Material diese These? Tatsächlich zeigen die Karikaturen keineswegs nur jüdische »Kapitalisten« oder auch nur »Geldverleiher«. So zeigt Abbildung 3 zwei eher ärmlich wirkende »Kleiderjuden«, Abbildung 2 einen ebenso ärmlichen Hausierer, Abbildung 5 ebenso ärmlich wirkende Gebrauchtwarenhändler, Abbildung 4 einen Schauspieler, Abbildung 1 ebenfalls arm wirkende Auswanderer – jedenfalls alles Darstellungen, die Juden weder als Inbegriff der Geldwirtschaft noch als reich oder gar mächtige »Kapitalisten« zeichnen.

Gewiß, rein quantitativ handelt es sich bei diesen Karikaturen um einen nur geringen Ausschnitt – zu überprüfen wird sein, ob die soziale Typik aller anderen Karikaturen auf einen verschobenen oder unterdrückten Klassenhaß hinweist. Löst man sich nämlich von einem verengten Klassenbegriff, so könnte Fuchs darin recht haben, daß Juden im größten Teil der wiedergegebenen Karikaturen als Konkurrenten um andere für bedeutsam gehaltene Güter gezeigt werden – etwa Reichtum, sozialen Status, begehrenswerte Frauen, politische Macht oder auch nur politischen Einfluß. Legt man den Akzent auf Konkurrenz, dann geht es um »Neid« bzw. »Abstiegsangst«. Diese Motive könnten auch beitragen, die Karikaturen armer Juden zu erklären: Obwohl sie gewiß keine unmittelbaren Konkurrenten etwa um Arbeitsplätze oder Löhne sind, könnte die in ihnen sichtbar gewordene Armut als Bedrohung erworbenen Reichtums, gleichsam als Vorbote revolutionärer Unruhen gelten. Fuchs hält insbesondere »Ganz- und Halbspießbürger« für Antisemiten, also Personen, die nicht über die wahren Herrschaftsverhältnisse aufgeklärt sind. Das in seinem Text Wilhelm Liebknecht statt – wie sonst üblich – August Bebel zugeschriebene Bonmot vom »Sozialismus der dummen Kerle« verweist freilich auf ein Wissen davon, daß antisemitische Bestrebungen auch unter der Arbeiterschaft virulent waren.

---

64 Ebenda

Abb. 4: R. Großmann. Jüdisches Theater: Er red mit de Händ

Abb. 5: Antisemitischer Wiener Bilderbogen des »Kikeriki«

Fuchs –
ein Theoretiker der Judenemanzipation

Dreh- und Angelpunkt der über Angst und Neid hinausgehenden Judenfeindschaft waren die Prozesse politischer Emanzipation der europäischen Juden, die sich im Gefolge der Französischen Revolution in Fort- und Rückschritten ihren Weg bahnten. In dieser Perspektive steht Fuchs ganz und gar in der Tradition von Karl Marx' Analyse der Judenfrage, auf die später noch genauer einzugehen ist. Überzeugt davon, daß die Entwicklung der menschlichen Gesellschaft und alle menschliche Kultur einschließlich der politischen Sphäre letztlich eine Resultante der sich entwickelnden Geldwirtschaft ist, bestreitet Fuchs, daß die Emanzipation der Juden Ergebnis humanitärer Bestrebungen, gewachsener Einsichten sei. Er hält das für »blanken Unsinn«,[65] da die Geschichte derlei Triumphe nicht kenne: »Sie kennt nur Triumphe von wichtigen Lebensinteressen einer Zeit, die im verhüllenden Gewande des Triumphs der Humanität in Erscheinung treten.«[66] Die materielle Grundlage und letzte Ursache der Judenemanzipation, die dann den Haß auf die Juden weiter verschärfte, sei die endgültige Emanzipation der Geldwirtschaft aus den Fesseln einer noch zünftig-ständisch organisierten Gesellschaft:

Die Emanzipation der Juden ist die politische Form für die endgültige Befreiung der Geldwirtschaft aus der Vormundschaft einer kurzstirnigen Obrigkeitsregierung, die diese in ihrer schrankenlosen Entfaltung hemmte.[67]

Die Aufhebung aller Schranken war nach Fuchs ein funktionales Erfordernis für die entgrenzte und ungehemmte Entwicklung von Technik, Industrie und Handel im Rahmen der Weltwirtschaft. Diese moderne kapitalistische Entwicklung beginnt zu jenem Zeitpunkt, an dem Maschinen die Manufaktur ablösten. Da diese Ablösung durch Kredite vorfinanziert werden mußte, war die rechtliche Gleichstellung der Juden als Träger und Symbole einer kreditbasierten Geldwirtschaft unerläßlich:

Zu einer Emanzipation der Juden wurde dieser Vorgang, weil man unmöglich die Geldwirtschaft entfesseln konnte, ohne zugleich ihrem der Zahl und der fachtechnischen Kapazität nach wichtigsten Träger die politisch logischen Rechte des Besitzes einzuräumen.[68]

In seiner materialen Abhängigkeit von Sombarts schon bei seinem Erscheinen scharf kritisierten Buch hat Fuchs nicht den geringsten Blick dafür, daß – rein wirtschaftshistorisch – es keineswegs nur jüdische Finanziers waren,

---

65 Ebenda, S. 212
66 Ebenda
67 Ebenda
68 Ebenda

Oben Abb. 6: Antisemitische Postkarte
Unten Abb. 7: Karikatur auf die Emanzipation der Juden. 1848

die Kredite zur Gründung von Industrien vergaben, und schon Jahrhunderte früher, in der Renaissance, deutsche und lombardische Handelshäuser das Kreditgeschäft perfektionierten. Fuchs: »Es war die durch die Emanzipation bewirkte Freisetzung der geistigen Potenzen des westeuropäischen Judentums.«[69] Durch sie wurden diese Kräfte zugleich frei für den Aufbau des rechtlichen Garanten der modernen kapitalistischen Wirtschaft, nämlich des modernen bürgerlichen Staats, weshalb sich Fuchs nicht scheut festzustellen, daß der moderne bürgerliche Staat eine »jüdische Gründung« sei, »deren Errungenschaften in jedem Lande fünfzig Mal mehr Christen als Juden zugute kamen«.[70]

Mit diesem Satz läßt Fuchs seinen Gewährsmann Sombart weit hinter sich, der als deutscher Nationalist lediglich behauptet hatte, daß die Vereinigten Staaten strukturell eine jüdische Gründung seien.

In den Spuren von Karl Marx?

Wiederum unternimmt Fuchs hier den Versuch, eine grundsätzlich antisemitische Annahme mit einer gleichsam philosemitischen Konsequenz zu verbinden – tatsächlich folgt seine Behauptung, daß der moderne (Rechts-)Staat eine jüdische Gründung sei, Argumenten, die der junge Karl Marx im Alter von fünfundzwanzig Jahren in seiner Schrift »Zur Judenfrage« vorgelegt hatte. Marx reagierte damit auf eine Schrift des Junghegelianers Bruno Bauer, der das, was er unter Emanzipation der Juden verstand, in der Forderung aufgehen ließ, daß sich die in den deutschen Ländern lebenden Juden taufen lassen sollten, um so die völlige Rechtsgleichheit in einem nur christlich denkbaren deutschen Staat (in diesem Fall Preußen) erringen zu können.

Marx ging es in seiner Schrift zur »Judenfrage« darum, den eingeschränkten, bürgerlich und staatlich verengten Emanzipationsbegriff Bauers universalistisch zu überwinden und zwar so, daß sich die Gesellschaft nicht nur von ihren – von Bauer noch fraglos akzeptierten – religiösen Bindungen und Voraussetzungen emanzipiere, sondern auch so, daß der Gedanke einer Rechtsgleichheit, ja die Form des Rechts selbst noch als Ausdruck undurchschauter, zu überwindender Herrschaftsverhältnisse sich erweisen sollte. Marxens Überbietungs- und Radikalisierungsdiskurs freilich war selbst noch mindestens semantisch an die zu überwindenden Verhältnisse gebunden – seit Jahrzehnten wird darüber gestritten, ob nicht die abschließenden Bemerkungen der Schrift

---

69 Ebenda, S. 214
70 Ebenda

Abb. 8: Wie Amschel Rothschild durch die Welt kutschiert – Pleitegeier vorgespannt
Frankfurter Karikatur. Um 1840

zur »Judenfrage« letztlich antisemitisch sind. Mit Blick auf Marxens Schrift, in deren Tradition Eduard Fuchs ungebrochen steht, sind mithin zwei Fragen zu klären: Zum ersten, ob der Vorwurf des Antisemitismus einiger Äußerungen in der Sache zutrifft, zum zweiten – womöglich wichtiger –, ob die von Marx unterstellte und von Fuchs übernommene Annahme, daß Recht im allgemeinen und die Menschenrechte im speziellen nichts weiteres als ein funktionales Erfordernis kapitalistischer Verkehrsformen sind.

Eine genauere Beurteilung verlangt einen Blick auf Marxens Text selbst, der – was die Juden und ihre Religion betrifft – durchaus als systematischer Vorläufer Werner Sombarts gelten kann, etwa dann, wenn er den Versuch unternimmt, Juden und Judentum nicht aus ihrer Religion, sondern aus den Formen ihrer materiellen Existenz zu verstehen, es ihm also darum geht, das »Geheimnis der Religion im wirklichen Juden« zu suchen. Dann aber gelte: »Welches ist der weltliche Grund des Judentums? Das praktische Bedürfnis, der Eigennutz. Welches ist der weltliche Kultus des Juden? Der Schacher. Welches ist sein weltlicher Gott? Das Geld ...« Daraus folgt für Marx der Imperativ, sich radikal zu emanzipieren: »Die Emanzipation vom Schacher und vom Geld also, vom praktischen, realen Judentum wäre die Selbstemanzipation unserer Zeit.«[71]

Marx will im Judentum »ein allgemeines gegenwärtiges Element« erkennen, »welches durch die geschichtliche Entwicklung, an welcher die Juden in dieser schlechten Beziehung eifrig mitgearbeitet, auf seine jetzige Höhe getrieben wurde, auf eine Höhe, auf welcher es sich notwendig auflösen muß«.[72] Marx zitiert im folgenden zustimmend Bruno Bauer, der angenommen hatte, daß Juden, obwohl hier und dort nur toleriert, durch ihre Geldmacht das Schicksal Europas entscheiden. Es war – so auch Marx – »der Jude«, der den Durchbruch zur entfesselten Geldwirtschaft mitverursacht hatte: »Der Jude hat sich auf jüdische Weise emanzipiert, nicht nur, indem er sich die Geldmacht angeeignet, sondern indem durch ihn und ohne ihn das Geld zur Weltmacht und der praktische Judengeist zum praktischen Geist der christlichen Völker geworden ist«, was Marx zu der weiterführenden Behauptung führt, daß »die praktische Herrschaft des Judentums über die christliche Welt in Nordamerika den unzweideutigen, normalen Ausdruck erreicht« habe, »daß die Verkündigung des Evangeliums selbst ... zu einem Handelsartikel geworden ist«.[73] In der Folge spart Marx nicht mit Äußerungen, die man – wenn man den Autor nicht kennte, sondern sie etwa Richard Wagner zuschreiben würde, unzweifelhaft als massiv antisemitisch ansehen würde: »Das Geld ist der eifrige Gott

---

71 K. Marx, »Zur Judenfrage«, in: ders., Die Frühschriften, Stuttgart 2004, S. 268
72 Ebenda
73 Ebenda, S. 269

Israels«[74] ... »Der Gott der Juden hat sich verweltlicht, er ist zum Weltgott geworden. Der Wechsel ist der wirkliche Gott des Juden...«[75] sowie – in nuce – alle »Argumente«, derer sich später auch Sombart bedienen sollte: »Was in der jüdischen Religion abstrakt vorliegt, die Verachtung der Theorie, der Kunst, der Geschichte des Menschen als Selbstzweck, das ist der wirklich bewußte Standpunkt, die Tugend des Geldmenschen. Das Gattungsverhältnis selbst, das Verhältnis von Mann und Weib etc. wird zu einem Handelsgegenstand. Das Weib wird verschachert. Die chimärische Nationalität des Juden ist die Nationalität des Kaufmanns, überhaupt des Geldmenschen.«[76]

Vor seinem berühmten Schlußpostulat, wonach die Emanzipation der Gesellschaft vom Judentum identisch mit der gesellschaftlichen Emanzipation der Juden sei, stellt Marx noch fest, daß das Gesetz der Juden – grund- und bodenlos wie es ist – »nur die religiöse Karikatur der grund- und bodenlosen Moralität und des Rechts überhaupt«[77] sei. In hegelianischer Manier kleidet Marx diese Überlegungen in eine Geschichtsphilosophie ein, gemäß der das Christentum dem Judentum entsprungen sei und sich wieder in das Judentum aufgelöst habe. Bei alledem war Marx – und das markiert einen entscheidenden Unterschied zu Eduard Fuchs und dessen Gewährsmann Werner Sombart – kein Rassist. Judentum war für Marx bei aller Verächtlichmachung und Abwertung vor allem Ausdruck einer gesellschaftlichen, nicht aber einer natürlichen Konstellation: »Wir erklären die Zähigkeit des Juden nicht aus seiner Religion, sondern vielmehr aus dem menschlichen Grund seiner Religion, dem praktischen Bedürfnis, dem Egoismus.«[78] Die Aufhebung der gesellschaftlichen Verhältnisse jedoch, die den Schacher bedingen, werde dazu führen, daß »der Jude« unmöglich geworden sein werde. Freilich hat Fuchs wesentlich mehr behauptet, nämlich daß der Rechtsstaat, da auf der Geldwirtschaft beruhend, dementsprechend auch jüdischen Wesens sei – eine Annahme, die sich so bei Marx nicht findet. Bei Marx ist es nicht »die Geldwirtschaft«, sondern das »Privateigentum«, das die Grundlage des politischen Staates ausmacht. Auf jeden Fall: »Die politische Emanzipation ist die Reduktion des Menschen, einerseits auf das Mitglied der bürgerlichen Gesellschaft, auf das egoistische unabhängige Individuum, andererseits auf den Staatsbürger, auf die moralische Person.«[79] Allenfalls dann, wenn sich zeigen ließe – was Marx in diesen frühen Schriften noch nicht gelingt –, daß die Geldwirtschaft das Rechtsverhältnis aus sich heraustreibt und es nicht schon älter ist, wäre Fuchs' theoretische Überlegung im Einklang mit Marx.

---

74 Ebenda, S. 270
75 Ebenda, S. 271
76 Ebenda
77 Ebenda
78 Ebenda, S. 273
79 Ebenda, S. 265

Abb. 9: Karikatur auf den russischen Volkskommissar für das Kriegswesen Leo Trotzki
Polnisches antibolschewistisches Plakat von Skabowski. Aus der Zeit des polnisch-russischen Krieges 1920

Die Emanzipation der Juden in der Karikatur

Fuchs jedenfalls ist davon überzeugt, daß die politische Emanzipation der Juden ihre wirtschaftliche Macht gesteigert hat, und zwar so, daß an die Stelle des Wucherers die Gestalt des jüdischen Börsianers,[80] Bankiers und Kapitalisten getreten ist. Fuchs übernimmt, ohne diese Autoren zu nennen, die etwa im Berliner Antisemitismusstreit zwischen Treitschke und Mommsen einstimmig akzeptierte, aber unterschiedlich gedeutete Annahme, daß es Juden gewesen seien, die kraft des ihnen eigenen Intellektualismus jene in Traditionen geronnenen Formen des Sozialen durchbrochen und durch ihre »vielfach hemmungslose Beweglichkeit« die bis dahin herrschende gesellschaftliche Ruhe aufgestört hätten. Damit stellt »der Jude« in gewisser Weise »das Dynamit in der politischen Geschichte der Völker«[81] dar. Die in der Geldwirtschaft angelegte Unrast wird nach Fuchs Überzeugung auf den modernen Parlamentarismus mit all seiner Nervosität übertragen:

Es ist nicht übertrieben, wenn man sagt, daß z. B. der moderne Parlamentarismus in weitem Umfange durch die Juden sein spezifisches Gepräge bekommen hat. Es konnte gar nicht anders sein, weil der Parlamentarismus die dem modernen Kapitalismus entsprechende und von ihm nicht zu trennende politische Form ist.[82]

Die von Fuchs zur »Emanzipation« gesammelten Karikaturen, die sich eigentümlicherweise in einem Textabschnitt zur spätmittelalterlichen »Judensau« finden, unterstreichen jene Motive, die sich bei Marx fanden. Eine Wiener Karikatur von 1848 (Abb. 11) zeigt gestikulierende jüdische Männer, die im Judendeutsch ein Motiv der klassischen praktischen Philosophie – »In der Handlung zeigt sich der Mensch« – als Anlaß zum verstärkten Handel mit Waren betrachten. Eine aus Leipzig, ebenfalls aus dem Jahr 1848 stammende Karikatur zeigt einen auf einem Esel sitzenden, schelmisch grinsenden Mann, dem ein bärtiger Jude zu Fuß ein Banner voranträgt, auf dem folgender Spruch zu erkennen ist: »PROFIT! Gleiche Rechte mit den Christen.« Neben dem Schriftzug ist schemenhaft ein bärtiger Jude hinter einem Pflug zu sehen, der von anderen Personen gezogen wird, über die der Jude seine Peitsche schwingt (Abb. 10).

1848 wurden Juden, so zeigen es die Karikaturen in den Abbildungen 7, 21, und 12, sowohl als skrupellose wie als verängstigte Objekte der Emanzipation, aber auch als deren geschworene Feinde, als Verbündete der Reaktion gezeigt. Auch den Umstand, daß die Reaktion die Juden schließlich bedroht und erniedrigt, übergeht die Karikatur nicht: Daß ein Jude in bürgerlicher Kleidung, aber mit typi-

---

80 Vgl. F. Schößler, Börsenfieber und Kaufrausch. Ökonomie, Judentum und Weiblichkeit bei Theodor Fontane, Heinrich Mann, Thomas Mann , Arthur Schnitzler und Emile Zola, Bielefeld 2009
81 Fuchs, a.a.O., S. 248
82 Ebenda

Habts Acht! Nehmt's euch zusam Hascheln! mer kümen zu gehen vor unsern Kümandanten sein Haus! Regimentstremler! schlog ein! trum! bum! trum!

— Segen über Israel und seine Kinder. Mer wer'n kriegen gleiche Rechte mit dem Gojim. Was sagst dazu Schabs'l?
— Jeich dun mer lieber handln, in der Handlung zaigt sich der Mensch.

Oben Abb. 10: Wiener Karikatur auf die Emanzipation der Juden. 1848
Unten Abb. 11: Lanzedelli. Auf die Emanzipation der Juden. Wien. 1848

Oben Abb. 12: Wiener Karikatur auf die Emanzipation der Juden. 1848
Unten Abb. 13: »Reichsbremse«, Leipzig. 1848

schem Bart von einem Mob mit dem Segen eines katholischen Priesters und eines protestantischen Pfarrers durchbohrt wird, kommentiert die Bildunterschrift so: »Soll mir Gott helfen! Kann ich doch sogen, ich bin geworden emanschipirt« (Abb. 13). Was wohl soviel bedeuten soll, daß Juden nach der Emanzipation von rückwärts gewandten politischen Kräften als Gegner, als Feind wahrgenommen wurden, was nach Meinung des Autors dieser Zeichnung vorher wohl nicht der Fall war. Das republikanische Engagement vieler Juden aber verspottete eine Zeichnung von 1848 aus München, auf der ein bürgerlich gekleideter Parvenü seiner Braut mitteilt, jetzt Republikaner geworden zu sein. Auf die besorgte Frage der Braut »Nu, wann Du aber wirst emancipirt« antwortet der junge Mann: »Nu was, werden die Ferschten doch haben kein Geld mehr – bin ich doch ein Republikaner! Was frag ich nach de Ferschten, wenn se haben kein Geld!« (Abb. 14).[83]

Es fällt auf, daß auch diese Karikaturen den von Marx systematisch hergestellten, von Fuchs historisch zugrunde gelegten Nexus von Judentum, Geldwirtschaft und politischer Emanzipation präzise zum Ausdruck bringen, was nun nicht nur die Frage nach der sachlichen Stimmigkeit der marxschen Analyse, sondern auch die viel und immer erneut diskutierte Frage danach aufwirft, ob Marxens frühe Schrift (er war 1844 fünfundzwanzig Jahre alt) von Gehalt und Ausdrucksweise selbst als antisemitisch zu bezeichnen ist – eine Frage, die getrennt von der bei Fuchs zugrunde gelegten Annahme zu beantworten ist, daß Juden, mindestens in den christlichen Ländern Europas, die wesentlichen Träger der Geldwirtschaft gewesen sind.

Karl Marx – ein Antisemit?

Für die (französischen) Frühsozialisten bis hin zu dem von ihnen informierten Richard Wagner ist diese Frage seit den Arbeiten von Edmund Silberner[84] und Léon Poliakov[85] – mit der Ausnahme Saint-Simon – inzwischen eindeutig geklärt: Sie alle, von Pierre Leroux über Proudhon und Fourier, Louis Blanc bis hin zu Auguste Tridon, waren unter dem Eindruck vor allem der Rothschilds in ihren theoretischen Entwürfen eindeutig antisemitisch eingestellt, und zwar so, daß sie sich eine Behebung der sozialen Mißstände ihrer Zeit vor allem durch eine Entfernung des Einflusses von Juden erhofften. Gehört Karl Marx in diese Tradition?

---

83 Ebenda, S. 125
84 E. Silberner, Sozialisten zur Judenfrage. Ein Beitrag zur Geschichte des Sozialismus vom Anfang des 19. Jahrhunderts bis 1914, Berlin 1962
85 L. Poliakov, Histoire de l'antisémitisme. De Voltaire à Wagner, Paris 1968

Der Republikaner.

„Siehst De, Sara, de Thautropfelcher? Siehst De, wann de Thautropfelcher wären lauter Brillante und Perle und sollt' ich sie setzen mit der Krone auf mein Haupt, sag' ich Dir, Sara, möcht' ich doch nicht sein ein Ferscht, weil ich bin durch und durch ein Republikaner."

„Nu, wann Du aber wirst emancipirt?"

„Nu was, werden die Ferschten doch haben kein Geld mehr — bin ich doch ein Republikaner! Was frag' ich nach de Ferschten, wann sie haben kein' Geld! Verstehst De, Sarelche?"

Abb. 14: »Leuchtkugeln«, München. 1848

Abb. 15: »Kikeriki«, Wien

Dieser Frage ist jüngst Thomas Haury in einer außerordentlich sorgfältigen Untersuchung auch und gerade der Wirkungsgeschichte der Marxschen Schrift nachgegangen. Haury räumt zwar ein, daß sich Marx einer »antisemitisierenden« Semantik bedient, will aber durch eine systematische Lektüre des Textes zeigen, daß sich der Marx von 1844 von anderen Frühsozialisten darin unterscheidet, daß es ihm eben nicht um die Elimination von Juden geht, sondern um die Aufhebung der Geldwirtschaft: »Pointiert«, so Haury, »könnte man formulieren: Marx identifiziert Judentum mit Geldwirtschaft, nicht aber die Geldwirtschaft mit dem Judentum.«[86] Haury liest den jungen Marx konsequent als Junghegelianer, der mit Feuerbach grundsätzlich alle Religionen, Judentum und Christentum, als Ausdruck und Reflex menschlicher Bedürfnislagen und sozialer Konstellationen versteht. In dieser Hinsicht sei Marxens Schrift nicht als antisemitisch zu bezeichnen, da sie nicht auf die Aufhebung des Judentums im speziellen, sondern auf die Aufhebung aller Religion ziele. Haury versteht »Antisemitismus« als eine aus wesentlich drei Komponenten bestehende Weltanschauung, die nicht nur die moderne Gesellschaft und ihre zentralen Strukturen ablehnt, sondern diese Ablehnung darüber hinaus verschwörungstheoretisch begründet und am Ende der Konstruktion eines »normalen« Volkes das Konstrukt des zu bekämpfenden »Antivolks« Juden entgegensetzt. Die von Feuerbachs Intuitionen geleitete Radikalisierung Hegelscher Gedankenfiguren, Marxens damalige Methode, fand freilich in der Analyse von Judentum und Geldwirtschaft kein angemessenes Objekt, wie Haurys differenziertes Urteil lautet:

Bei der Umkehrung von Subjekt und Prädikat mußte Marx in diesem Fall theoretisch wie methodisch Schiffbruch erleiden. Denn das Bild von »realen Juden« und das Bild der jüdischen Religion standen nicht in einem Verhältnis von »Basis und Überbau«, sondern waren beide von einem unerkannten ideologischen Dritten, der antisemitischen Denkform, bestimmt – so daß Marx durch seine »materialistische Umstülpung« das antijüdische Stereotyp selbst reproduzierte. Somit wiederholte Marx auf der inhaltlichen Ebene das antijüdische Schacher-Stereotyp; auf der Ebene der den Text strukturierenden Logik hingegen ... findet sich in seiner Schrift keine der drei grundlegenden Strukturen des antisemitischen Denkens.[87]

An keiner Stelle personalisiere Marx, nirgends benenne er die Juden als historische Verursacher oder gar Schuldige an der Geldwirtschaft, noch sehe er in ihnen nur verschwörungstheoretisch denkbare Drahtzieher. Die von Haury nachgezeichnete Wirkungsgeschichte des Textes zeigt dann freilich, daß es sowohl in der Sozialdemokratie als auch in der KPD (von Franz Mehring an)

---

86 Th. Haury, »Zur Judenfrage (1843/44): Bruno Bauer und Karl Marx – Eine Textgeschichte«, in: N. Berg (Hg.), Kapitalismusdebatten um 1900. Über antisemitisierende Semantiken des Jüdischen, Leipzig 2011, S. 153
87 Ebenda, S. 164

Abb. 16: Der jüdische Geizhals
Anonymer satirischer Schabstich. 17. Jahrhundert

immer wieder Stimmen gab, die eine klare, grundsätzliche Ablehnung der auf dem Kapitalverhältnis beruhenden Gesellschaftsstruktur mit zum Teil rassistischen, nationalistischen und das heißt eben antisemitischen Behauptungen vermengten. Erst Rosa Luxemburg habe den zutreffenden Sinn von Marxens Schrift wirklich verstanden und auch zum Ausdruck gebracht. Indem sie Marx so verstand, daß er die »Judenfrage« aus der Religions- und Rassensphäre auf die soziale Grundlage geführt habe, habe Luxemburg den Kern von Marxens Argument, die Abschaffung jeder Ausbeutung, klar herausgearbeitet. »Für Marx-Anhänger«, so Luxemburg, »existiert die Judenfrage als solche nicht, so wie für sie die ›Negerfrage‹ ... nicht existiert. Vom Standpunkt der Arbeiterklasse ist die Judenfrage einerseits eine Frage des Rassenhasses ... Andererseits ist die Judenfrage vor allem auch eine Frage der bürgerlichen Gleichberechtigung der Juden.«[88]

Juden, die abendländische Geschichte und die Geldwirtschaft. Die Auskunft der Wissenschaft

Damit bleibt aber nun – mit Blick auf Eduard Fuchs' Geschichte der antisemitischen Karikatur und ihrer systematischen Grundlage, nämlich Sombarts Studie zu den »Juden und das Wirtschaftsleben« – noch immer die Frage, ob die historische Unterstellung, daß Juden im Abendland die wesentlichen Träger der Geldwirtschaft waren, sachlich zutrifft. Sombarts Buch ist inzwischen gründlichen Analysen unterzogen worden, die nicht nur die schon zeitgenössische Kritik in Erinnerung rufen,[89] sondern auch und vor allem auf methodische Mängel und auf die allen entsprechenden, auch bei Fuchs vorliegenden Behauptungen zugrundeliegende Quellenlage hinweisen. In Frage steht nicht mehr und nicht weniger als eine umfassende Wirtschaftsgeschichte des europäischen, des christlichen Mittelalters vom Niedergang des Römischen Reiches bis zur Zeit der Reformation, von den Anfängen einer entfalteten Geldwirtschaft bis zum Take-off kapitalistischen Wirtschaftens.

Nach Jahrhunderten stationären, meist agrarischen Wirtschaftens und ländlichen Lebens kehrte im 11. Jahrhundert die Stadtkultur wieder, und

---

88 Ebenda, S. 176
89 F. Lenger, »Werner Sombarts ›Die Juden und das Wirtschaftsleben‹ (1911). Inhalt, Kontext und zeitgenössische Rezeption«, in: N. Berg (Hg.), a.a.O., S. 239–253; T. Metzler, »Werner Sombart im Ausland – Die Juden und das Wirtschaftsleben in England, Amerika und Frankreich«, in: N. Berg, a.a.O., S. 255–292; Th. Meyer, »Zur jüdischen Rezeption von Werner Sombart – Julius Guttmanns Antwort«, in: N. Berg, a.a.O., S. 293–317

Abb. 17: Ein jüdischer Händler mit Christenfleisch
Englische Karikatur. 18. Jahrhundert

zwar im Rahmen einer ökonomischen Revolution, die sich auf der Basis von Fernhandel, Gewerbe und Handwerk in den geschützten Rechtsräumen von Stadtverbänden vollzog. Mit den nun immer stärker zu Macht und Einfluß kommenden Kaufleuten in Städten an den Verkehrsadern der mittelalterlichen Welt, vor allem an schiffbaren Flüssen, der Entfaltung von Binnenhandel und Kaufmannskapital expandierte nicht nur das Messewesen, sondern auch das Transport- und Versicherungswesen; in der zweiten Hälfte des 12. Jahrhunderts schließlich entstanden allmählich erste Banken, ein eigenes Handels- und Zivilrecht sowie die ersten Universitäten. Parallel dazu entwickelte sich auch die Produktionssphäre: Bergbau, Tuch- und Leinenweberei sowie die Barchentsiederei. Die durch Fernhandel und Produktion ausgelöste Nachfrage nach Kapital und Kredit konfrontierte schließlich die christlichen Gesellschaften mit der Frage nach der Legitimität der Zinsnahme: 1139 verabschiedete die Kirche auf ihrem zweiten Laterankonzil ein allgemeines »Wucherverbot«.[90] Das 13. Jahrhundert kannte schließlich professionelle Geldverleiher, nämlich Lombarden und die aus der Stadt Cahors stammenden Kawerschen, die sich zumal in der Toskana als frühe Bankiers betätigten und keine Juden waren.

»Wucher«, nämlich die Zinsnahme, religiös und moralisch verfemt, wurde zwar, urteilt Johannes Fried, »kirchenrechtlich diskriminiert, doch faktisch durch zahlreiche Ausnahmeregelungen und Sondervergünstigungen hingenommen, ja sogar vom weltlichen Recht geduldet; denn er war ökonomisch unumgänglich geworden ... Die Zinssätze freilich waren mitunter gewaltig; sie folgten der Nachfrage und lagen je nach Umständen bei ›maßvollen‹ 10 Prozent, wiederholt bei 43,3 Prozent, mitunter bei 100 Prozent oder bei noch höheren Sätzen.«[91]

Das heißt: Geld- und Zinsgeschäft setzen Warenproduktion sowie (Fern-)Handel voraus; keineswegs sind es Geldleihe und Zinsnahme, die als Ursache einer expandierenden Wirtschaft gelten können. Es ist jene Epoche der expandierenden Wirtschaft und damit des erhöhten Kreditbedarfs, die eine deutliche Steigerung judenfeindlicher Einstellungen und Handlungen kennt. Bis ins 11. Jahrhundert, auf jeden Fall im frühen Mittelalter, der karolingischen Zeit, lassen sich weder Judenverfolgungen noch wesentliche judenfeindliche Schriften oder politische Maßnahmen antijüdischer Art nachweisen. Es war das Zusammenspiel von erhöhtem Kapitalbedarf der Wirtschaft und der Staaten, der fürstlichen Herrschaften auf der einen Seite und dem kirchlichen Verbot, daß Christen von Christen Zins nehmen, das den Juden, die bis dahin neben dem Handel als Mediziner, aber auch als Weinbauern tätig waren, das Geldgeschäft aufnötigte. (Anders als nach

---

90 J. Fried, Das Mittelalter, Geschichte und Kultur, München 2009, S. 191
91 Ebenda, S. 346

ihm Max Weber hatte Karl Marx zum Wesen der jüdischen Religion *vor* der Entfaltung der Geldwirtschaft nichts zu sagen.) Die seit dem 11. Jahrhundert, dem Zeitalter der beginnenden Kreuzzüge, aufflammenden Judenpogrome lassen sich so in ökonomischer Hinsicht leicht als Praktiken erklären, sich seiner Schulden und Zinslast zu entledigen. Bei alledem fällt auf, daß eine gründliche Erforschung des Ausbreitens der Geldwirtschaft im Mittelalter vergleichsweise spät in Gang kam – lange nach jenen Überlegungen, die für deren Entfaltung vor allem die Juden verantwortlich machen wollten. Erst ein anderer, umfassender Blick in methodisch bis dahin nicht gewürdigte Quellenbestände hat das Bild korrigiert und nachweisen können, daß die Entfaltung der Geldwirtschaft wesentlich auf die Aktivitäten der hegemonialen Kirche zurückging, die jedenfalls offiziell das Nehmen von Zins verdammte. Das kanonische Recht übernahm im 12. Jahrhundert einen spätantiken Passus, der wahrscheinlich zu Unrecht dem Kirchenvater Johannes Chrysostomus zugeschrieben wurde: »Von allen Händlern ist der Wucherer am schwersten mit Fluch beladen, denn er verkauft eine von Gott gegebene und nicht von Menschen erworbene Sache, und er nimmt nach der Zahlung des Wucherzinses die Sache samt dem Vermögen des anderen wieder zurück, was ein Händler niemals tut. Nun wird man einwenden: Ist der, der ein Feld oder Haus gibt, um Pachtzins oder Miete zu erhalten, nicht dem ähnlich, der sein Geld auf Zinsen verleiht. Keinesfalls. Zuerst weil die einzige Funktion des Geldes ist, den Preis eines Kaufs zu begleichen. Zweitens, weil der Pächter dem Land Erträge abgewinnt und der Mieter die Nutznießung des Hauses hat; in diesen beiden Fällen scheint der Eigentümer den Gebrauch seiner Sache zu vergeben und dafür Geld zu erhalten, in gewisser Weise also Nutzen gegen Nutzen zu tauschen, während von geliehenem Geld keinerlei Gebrauch gemacht werden kann. Drittens schließlich wird durch Gebrauch der Boden nach und nach ausgelaugt und das Haus beschädigt; hingegen erfährt verborgtes Geld weder Minderung noch Altern.«[92]

Wucher galt nach dem Glauben der Kirche nicht nur als ungerechte Handlung, sondern auch als schwere Sünde, was gleichwohl wachsende Teile der Bevölkerung nicht davon abzuhalten schien, Wucherer zu werden – im 13. Jahrhundert gar befürchteten Päpste und Kanonisten, daß die Verlockung eines weitgehend ohne körperliche Anstrengung erzielbaren Gewinns zur Landflucht bzw. Depossedierung der Bauern durch ihre Grundherren führen könnte, was letzten Endes Hungersnöte auslösen würde.[93]

---

92 Zitiert nach J. Le Goff, Wucherzins und Höllenqualen. Ökonomie und Religion im Mittelalter, Stuttgart 2008, S. 37
93 Ebenda, S. 32

Der Take-off des modernen Antisemitismus: Martin Luther

Vor diesem Hintergrund ist der Beginn des modernen, des eliminatorischen Antisemitismus in der Zeit der Reformation anzusetzen. Daß antisemitische Karikaturen dies im Alltag mit vorbereiteten, ist auch nach Fuchs erwiesen.[94] Zu Recht konnte der Herausgeber des »Stürmer«, Julius Streicher, in Nürnberg zu Protokoll geben: »Dr. Martin Luther säße heute an meiner Stelle auf der Anklagebank, wenn dieses Buch (*Von den Juden und ihren Lügen*, M. B.) von der Anklagevertretung in Betracht gezogen würde.«[95] Sollte doch Luther, wie noch zu zeigen ist, mit Ausnahme der Vergasung alles fordern, was die Nationalsozialisten später den Juden Europas antaten. Aber wie hängt das mit der mittelalterlichen Haltung zu den Juden zusammen?

Es war Martin Luther, der im Widerstand gegen die katholische Praxis, gegen Geldspenden Erleichterungen beim Erleiden des reinigenden Fegefeuers auszusprechen (»Wenn das Geld im Beutel klingt, die Seele in den Himmel springt«), seine Theologie radikaler Verwiesenheit auf Gottes Gnade entwickelte. In diesem Zusammenhang ist daran zu erinnern, daß die Erfindung des »Fegefeuers« durch die katholische Kirche ein Weg war, mit der Geldwirtschaft, mit Zins und Wucher leben zu können. Wucherer sollten vor ihrem Tod den Zins, den sie ihren Schuldnern abgenommen hatten, zurückzahlen; sollten sie das nicht können, blieb ihren Erben die Möglichkeit, dies durch Spenden zu tun und damit die Seele des armen Sünders aus den Qualen des Fegefeuers zu befreien – eine Maßnahme, die selbstverständlich nicht von »ungläubigen« Juden vollzogen werden konnte.[96]

Wenn sich Luther 1543 gegen die Juden wendet, so tut er dies zwar auch aus theologischen, vor allem aber aus politischen und ökonomischen Motiven. Anders als Wiedertäufer und Bauern galten ihm die Juden gewiß nicht als »Aufrührer«, wohl aber als eine Gruppe, gegen die – ganz im Sinne der totalen Vollmacht weltlicher Obrigkeit – jede Maßnahme ergriffen werden kann. Thomas Kaufmann[97] scheint auf den ersten Blick recht zu haben: Luther fordert keine unmittelbar mörderische Elimination der Juden – daß ihm eliminatorische Kriegführung grundsätzlich nicht fremd war, habe die von ihm gewünschte Kriegführung gegen die Bauern gezeigt. Diese Position einer scharfen Trennung vom Reich christlicher Barmherzigkeit hier und dem nach Gottes Willen auf Armut verzichtenden Reich weltlicher Obrigkeit entfaltete

---

94 I. Enzenbach/W. Haney, Alltagskultur des Antisemitismus im Kleinformat. Vignetten der Sammlung Wolfgang Haney, Berlin 2012
95 Th. Kaufmann, Luthers »Judenschriften«, Tübingen 2011
96 J. Le Goff, Wucherzins und Höllenqualen, a.a.O., S. 90-118
97 Th. Kaufmann, a.a.O.

Luther 1525 in der Konfrontation mit den aufständischen Bauern – die Anwendung dieser Position auf die Juden sollte sich noch etwa zwanzig Jahre verzögern.

In der in Wittenberg 1543 von Hans Luft gedruckten und publizierten Schrift *Von den Jüden und ihren Lügen* werden die Juden unter Bezug auf das alttestamentliche Buch Ester schon in den ersten Zeilen konsequent dämonisiert: »Kein blutdürstigeres und rachgierigeres Volk hat die Sonne je beschienen, als die sich dünken lassen, sie seien darum Gottes, daß sie sollen die Heiden morden und würgen. Und es ist auch das vornehmste Stück, daß sie von ihrem Messias erwarten, er solle die ganze Welt durch ihr Schwert ermorden und umbringen. Wie sie denn im Anfang an uns Christen in aller Welt wohl erwiesen und noch gerne täten, wenn sie es könnten, habens auch oft versucht und darüber auf die Schnauze weidlich geschlagen worden sind.«[98]

Vor diesem Hintergrund plädiert Luther für eine »scharfe Barmherzigkeit«, die eventuell doch zur eher unwahrscheinlichen Bekehrung einiger Juden führen könnte, indes: »rächen dürfen wir uns nicht«.[99] Luthers »scharfe Barmherzigkeit« umfaßt einen präzisen Katalog von Maßnahmen, die zu ergreifen er den christlichen Landesherren nahelegt:

»*Erstlich*, daß man ihre Synagogen oder Schulen mit Feuer anstecke und, was nicht verbrennen will, mit Erde überhäufe und beschütte, daß kein Mensch einen Stein oder Schlacke sehe ewiglich.«[100]

»*Zum zweiten:* daß man ihre Häuser desgleichen zerbreche und zerstöre, denn sie treiben ebendasselbe darin, das sie in ihren Schulen treiben. Dafür mag man sie etwa unter ein Dach oder Stall tun wie die Zigeuner, auf daß sie wissen, sie seien nicht die Herren in unserm Lande, wie sie rühmen, sondern in der Verbannung und gefangen ...«[101]

»*Zum dritten:* daß man ihnen alle Betbüchlein und Talmudisten nehme, worin solche Abgötterei, Lügen, Fluch und Lästerung gelehrt wird.«[102]

»*Zum vierten:* daß man ihren Rabbinen bei Leib und Leben verbiete, hinfort zu lehren ...«

»*Zum fünften:* daß man den Juden das Geleit und Straße ganz und gar aufhebe, denn sie haben nichts auf dem Lande zu schaffen, weil sie nicht Herren noch Amtsleute noch Händler noch dergleichen sind; sie sollen daheim bleiben.«[103]

»*Zum sechsten:* daß man ihnen den Wucher verbiete und ihnen alle Barschaft und Kleinod an Silber und Gold nehme und zur Verwahrung beiseitelege. Und

---

98 D. Martin Luther, Von den Jüden und ihren Lügen, erstmals gedruckt zu Wittenberg. Durch Hans Lufft. M.D.XLIII, gescannt von cOyOte.
99 Ebenda, S. 8
100 Ebenda
101 Ebenda, S. 9
102 Ebenda
103 Ebenda, S. 10

dies ist die Ursache: alles, was sie haben, haben sie uns gestohlen und geraubt durch ihren Wucher, weil sie sonst kein anderes Gewerbe haben ...«[104]

»*Zum siebenten:* daß man den jungen starken Juden und Jüdinnen in die hand gebe Flegel, Axt, Karst, Spaten, Rocken, Spindel und lasse sie ihr Brot verdienen im Schweiße der Nasen.«[105]

Am Ende, nach einem Katalog, der präzise die Zerstörung der Synagogen und Wohnungen, verordnete Obdachlosigkeit, Vernichtung des kulturellen und religiösen Erbes, Reiseverbote, von Staats wegen angeordnete Enteignung, also Raub, und schließlich Zwangsarbeit vorschlägt, plädiert Luther für die Vertreibung der Juden. Mit Blick auf das Osmanische Reich, auf die Türken, glaubt Luther feststellen zu können, daß diese unter den Juden nicht zu leiden hätten, daher: »so müssen wir geschieden sein und sie aus unserem Lande vertrieben werden. Sie mögen in ihr Vaterland gedenken.«[106]

Am Ende, so stellt Luther beinahe resignierend fest, mag all das nicht helfen, daher: »so müssen wir sie wie die tollen Hunde ausjagen ...«[107] Vorbilder für diese Vertreibung sind ihm – wie Luther fälschlich meint – die von Kaiser Karl »neulich« angeordnete Vertreibung der Juden aus Spanien sowie die Vertreibung von Juden aus den Ländern der böhmischen Krone sowie aus Regensburg und Magdeburg. Luthers Suada mitsamt ihren präzisen Vorschlägen richtet sich an die christlichen Landesherren, »die Juden unter sich haben«.[108] Er legt ihnen nahe, so sie seinen Vorschlägen nicht folgen mögen, andere Maßnahmen zu ergreifen, um jüdischen Spott über den christlichen Glauben und jüdische Angriffe auf ihr und ihrer Untertanen Geld und Gut zu verhindern, also »keinen Schutz noch Schirm noch Geleit noch Gemeinschaft sie haben lassen, auch nicht eure und eurer Untertanen Geld und Güter durch den Wucher ihnen dazu dienen und helfen lassen.«[109]

Tatsächlich begründet Luther die Einschränkung der Bewegungsfreiheit von Juden mit der Forderung nach Aufrechterhaltung der öffentlichen Ordnung, als Maßnahme zur Verhinderung von Ausschreitungen des Volkszorns: »Werdet ihr Fürsten und Herren solchen Wucherern nicht die Straße ordentlicherweise verlegen, so möchte sich etwa eine Reiterei gegen sie sammeln, weil sie aus diesem Büchlein lernen werden, was die Juden sind ...«[110] Luther begründet seine Maßnahmen zwiefach: theologisch mit dem Spott und den Lügen der Juden über den christlichen Glauben, aber eben auch politisch und ökonomisch: »Sie leben bei uns zu Hause, unter unserm Schutz und Schirm, brauchen Land und Straßen, Markt und Gassen; dazu sitzen die Fürsten und

---

104 Ebenda, S. 11
105 Ebenda
106 Ebenda, S. 16
107 Ebenda, S. 18
108 Ebenda, S. 13
109 Ebenda
110 Ebenda

Obrigkeit, schnarchen und haben das Maul offen, lassen die Juden aus ihrem offenen Beutel nehmen, stehlen und rauben, was sie wollen, das ist: sie lassen sich selbst und ihre Untertanen durch der Juden Wucher schinden und aussaugen und mit ihrem eigenen Gelde sich zu Bettlern machen.«[111]

Sieht man also von seinem theologisch begründeten Antisemitismus ab, geht es Luther ökonomisch und politisch gegen das, was er als »Wucher« bezeichnet, sowie juristisch darum, bisher geltende Gesetze der Freizügigkeit und Rechtssicherheit wieder aufzuheben. Die geforderte Ausgrenzung der Juden aus der Rechtsgemeinschaft der Territorialstaaten begründet Luther mit ihrer Andersartigkeit: »Denn die Juden als Fremdlinge sollten wahrlich und gewißlich nichts haben, und was sie haben, das muß gewißlich unser sein.«[112] Tatsächlich steht hinter alledem ein frühnationalistisches Unbehagen an einer sich ausbreitenden Geldwirtschaft, die die Restriktionen des Mittelalters allmählich hinter sich ließ. Mit seiner Polemik gegen den jüdischen Wucher nimmt Luther nämlich ein Motiv auf, das ihn gleichermaßen schon zwanzig Jahre früher in seiner Schrift »Von Kaufshandlung und Wucher« aus dem Jahr 1524 beschäftigt hatte, nämlich das Problem des Kaufs und Verkaufs von Importgütern sowie der Zinsnahme, damals noch ganz ohne antisemitische, wohl aber mit frühnationalistischen Untertönen: »Gott hat uns Deutsche dahin geschleudert, daß wir unser Geld und Silber in fremde Länder geben, alle Welt reich machen und selbst Bettler bleiben müssen.«[113] Luther analysiert die negative Handelsbilanz der deutschen Territorien, die aufgrund des übermäßigen Imports ausländischer (Luxus-)Waren erzeugt wird, und greift nicht zuletzt große Handels- und Messestädte wie Frankfurt am Main an: »Frankfurt ist das Silber- und Goldloch, durch das aus deutschen Landen herausfließt, was nur bei uns quillt und wächst, gemünzt oder geschlagen wird. Wäre das Loch zugestopft, so brauchte man jetzt nicht die Klage zu hören, wie allenthalben lauter Schulden und kein Geld, alle Städte mit Zinsen beschwert und ausgewuchert sind.«[114] Daher fordert Luther das Verbot der Handelsgesellschaften: »Sollen die Handelsgesellschaften bleiben, so muß Recht und Redlichkeit untergehen. Soll Recht und Redlichkeit bleiben, so müssen die Handelsgesellschaften untergehen.«[115]

Mit beiden Äußerungen – seinem politisch gewendeten Judenhaß und seiner Kritik an der Geldwirtschaft einer Messestadt wie Frankfurt am Main – steht Luther in einer Tradition, die das christliche Mittelalter spätestens seit dem 9. Jahrhundert geprägt und bestimmt hat. Auch in dieser Frage hat die neuere Mediävistik die Annahmen von Marx, Sombart und Fuchs widerlegt.

---

111 Ebenda, S. 5
112 Ebenda
113 In K. Aland (Hg.), Luther Deutsch. Die Werke Luthers in Auswahl, Bd. 7: Der Christ in der Welt, Göttingen 1991, S. 264
114 Ebenda
115 Ebenda, S. 282

Wer wucherte im Mittelalter?

Freilich – und das ist im Gefolge etwa Luthers lange Zeit zumal von der deutschen Geschichtswissenschaft bewußt übersehen worden – waren es keineswegs ausschließlich Juden, die als »Wucherer« wirkten, noch war die Frage der Sündhaftigkeit des Wuchers eine, die sich in erster Linie an das Judentum stellte. Entgegen den Überlegungen etwa von Marx oder an ihn anschließend Abraham Léon[116] traf es nämlich keineswegs zu, daß ausschließlich oder auch nur vor allem Juden Wucher nahmen, vielmehr stellten bereits zeitgenössische Stimmen, etwa Bernhard von Clairvaux im 12. Jahrhundert oder Johannes von Winterthur im 14. Jahrhundert, fest, daß christliche Wucherer wesentlich höhere Zinsen genommen haben als Juden.[117] Inzwischen kann, zumal durch die neueste mediävistische Forschung, als gesichert gelten, daß erstens im christlichen Europa die Vorstufe des modernen Kapitalismus, nämlich die durch Kaufleute, die dann allmählich in die Funktion von Bankiers hineinwuchsen, entfaltete Geldwirtschaft, vor allem und wesentlich von christlichen Kaufleuten vorangetrieben wurde. Es war die Kirche selbst, die im Zeitalter des Übergangs vom Feudalismus zum Kapitalismus ihre lange Zeit ablehnende Haltung gegenüber dem Kaufmannsstand änderte. Spätestens im 15. Jahrhundert näherte sich die Kirche jedenfalls den christlichen Kaufleuten und Bankiers und übernahm gar deren Praktiken, »weit davon entfernt, ein Hemmnis in der Entwicklung des Kapitalismus zu sein. Es ist sogar die Frage erlaubt«, so der in dieser Thematik führende Historiker Jacques Le Goff, ob die Kirche dem Kaufmann »nicht unfreiwillig bis in ihre Feindschaft hinein diente. Die Verdammung des Wuchers und gewisser Formen des verzinslichen Darlehens führte die Kaufleute dazu, ihre Methoden zu verbessern ... Die Entwicklung des Wechsels, des Hauptelements im Aufstieg der Kaufmannsschicht, hatte ihren Ursprung im Wunsch der Kaufleute, der Kirche zu gehorchen, was dadurch gelang, daß sie eine Kreditoperation, die die Kirche mißbilligte, durch eine Wechseloperation ersetzten, die sie tolerierte.«[118]

Ursache und Anlaß der ursprünglichen kirchlichen Opposition gegen Zins und Wucher waren nicht nur die aus dem Alten Testament übernommenen Zinsverbote, sondern auch eine bereits lange vor der Industrialisierung bestehende Hochschätzung von Mühe, Anstrengung und Arbeit. Vor diesem Hintergrund ist Wucher mehr als nur ein Verbrechen, das gegen die Gerechtigkeit ist, er ist eine Sünde, mehr noch, eine Todsünde, eine besonders verabscheuungswürdige Form der avaritia, der Habgier, und zwar deshalb, weil

---

116 A. Léon, Judenfrage und Kapitalismus, Ffm. 2000
117 F. Graus, Pest – Geissler – Judenmorde. Das 14. Jahrhundert als Krisenzeit, Göttingen 1987, S. 359
118 J. Le Goff, Kaufleute und Bankiers im Mittelalter, Berlin 2009, S. 104

Der Jüden Er-
barkeit.

Alhie siehstu der Jüden Tantz/
Jr Gottes Lesterung vnd Finantz/
Wie sie den Son Gotts verspeyen/
All Christen vermaledeyen.
Darzu all Christlich Oberkeit/
Weils nicht gerhet so ists jn leid.
Auch jr grewliche Wucherey/
Noch sind sie bey alln Herren frey.
Betracht doch solchs du fromer Christ/
Du seyst gleich hoch / odr wer du bist.
Las dir dis Buch zu hertzen gan/
Gott wird eim jeden gebn sein lohn.

ANNO. M. D. LXXI.

Abb. 18: Titelblatt der satirischen Spottschrift »Der Juden Ehrbarkeit«. 1571

— „Veitelleben, setz dich nauf auf den Braunen!"
— „Vaterleben, was soll ich machen den Umweg, ßu kommen auf die and're Seit'!?"

Abb. 19: Vorahnung. Ludwig von Nagel

sie im Unterschied zu allen anderen Sünden niemals schläft, das heißt niemals unterbrochen wird, weil der Wucherzins sich auch dann mehrt, wenn niemand arbeitet, bzw. wenn der Darlehensgeber selbst schläft. Indem aber die (arbeitsfreie) Zeit so zum Mittel der Habgier wird, bemächtigt sich der Geldverleiher einer Größe, die – anders als sachliche Güter aller Art, für deren Gebrauch durchaus legitime Abnutzungspreise, also etwa Mieten, verlangt werden durften – nach damaliger christlicher Glaubensüberzeugung allein Gott gehörte: »Der Wucherer«, so etwa Thomas von Chobham, »leiht dem Schuldner nichts, was ihm gehört, sondern nur die Zeit, die Gott gehört. Er darf also keinen Gewinn aus dem Verleih fremden Eigentums ziehen.«[119] Der Wucherer ist nicht nur ein Geld-, sondern auch ein Zeitdieb, jemand, der nicht nur Menschen, sondern – besonders verabscheuungswürdig – Gott bestiehlt.

Gleichwohl war Kredit gegen Zinsen, gegen hohe Zinsen, für die Entfaltung der Geldwirtschaft unerläßlich, weshalb vor allem die Kirche Vorschläge unterbreitete, die es den meist christlichen Wucherern ermöglichen sollte, ihr Seelenheil zurückzugewinnen. So sollten sie einerseits kurz vor ihrem Tode den den Schuldnern abgenommenen Zins zurückzahlen und sich andererseits damit vertrösten, das jenseitige Purgatorium, das reinigende Fegefeuer durchlaufen zu dürfen, nach dessen unerträglichen Schmerzen sie am Ende doch der beseligenden Aufnahme ins Himmelreich gewiß sein durften.

Gleichermaßen wurde auch über bestimmte Maßnahmen zum Schuldenerlaß nachgedacht: Die Teilnahme an einem vom Papst für legitim erklärten Kreuzzug etwa befreite von der Pflicht, Schulden und Zinsen zurückzuzahlen. Bei alledem ist (hier durchaus mit Sombart und Fuchs) festzuhalten, daß von »Kapitalismus« im Mittelalter – vor der Entdeckung Amerikas und der Ausbeutung seiner Silberminen – sinnvoll keine Rede sein kann. Auch die neuere und neueste Wirtschaftsgeschichte geht nicht nur davon aus, daß »Geldwirtschaft« und »Kapitalismus« zwei sorgfältig voneinander zu unterscheidende Größen sind, sondern daß die Wirtschaftsform des »Kapitalismus« auf drei institutionelle Größen angewiesen war, die es so vor dem 16. Jahrhundert nicht gab: die Trennung von Haushalt und Betrieb, einen Überfluß an Edelmetallen als Träger einer entfalteten Geldwirtschaft sowie eine »Börse als feste Institution«, also »ein geregelter öffentlicher Markt, an dem Werte, Waren oder Dienstleistungen gehandelt werden«.[120] Vor der Entdeckung Amerikas und dem massenhaften Import von Edelmetallen aus den dortigen Minen war eine ausdifferenzierte Geldwirtschaft nicht möglich – die neuere mediävistische Forschung zeigt bei wenigen Ausnahmen übereinstimmend, daß Geld und Geldwirtschaft während des ganzen Mittelalters in einen religiösen Kontext eingebunden waren, was keineswegs bedeutete, daß wirtschaftliche Probleme

---

119 J. Le Goff, Wucherzins und Höllenqualen, a.a.O., S. 53
120 J. Le Goff, Geld im Mittelalter, Stuttgart 2010, S. 237

wie vor allem Verschuldung und Verarmung mitsamt dem Haß gegen Reiche und Gläubiger kein Thema der mittelalterlichen Moralliteratur waren – im Gegenteil. Gewiß: Lange Zeit galten Kaufleute, Geldhändler und Geldwechsler als Verkörperungen einer sündigen Lebensführung, die den Todsünden der Habsucht (avaritia), der Gier (gula) und der Verschwendung (luxuria) verfallen waren. Gleichwohl zeigt ein Blick auf das hohe und das späte Mittelalter hinsichtlich des hier behandelten Themas des Judenhasses, daß es entgegen den Annahmen von Fuchs nicht die Geldwirtschaft und ihre Agenten als solche waren, die Haß und Wut erzeugten: Nicht nur war die Kirche selbst, vor allem der päpstliche Hof, einer der größten politischen und ökonomischen Unternehmer, nicht nur wurden gerade die städtischen Bettelorden, vor allem die Franziskaner, ihren Armutsgelübden zum Trotz durch die eigene Logik der finanziellen Unterstützung Armer zu wohlhabenden Institutionen, nein, spätestens seit dem Ende des 12. Jahrhunderts nahm die Kirche Schritt für Schritt ihre dem Reichtum und vor allem dem Geld gegenüber kritische Haltung zurück. Zu Beginn des 13. Jahrhunderts wurde zum ersten Mal ein Kaufmann, der 1197 in Cremona geborene Tuchhändler Homobonus, heilig gesprochen. Für das 14. Jahrhundert kann daher Jacques Le Goff bezüglich der Lombarden, die – ebenso wie und noch stärker als die Juden – mit der Geldwirtschaft befaßt waren, feststellen: »Alles in allem waren sie jedoch in weiten Teilen der Christenheit, wo Geld noch nicht geadelt worden war und die Geldverleiher in sämtlichen Gesellschaftsschichten von Kreditnehmern mit kleinen und großen Schulden verabscheut wurden, verhaßt und geschmäht.« Und dennoch, so Le Goff, »obwohl die Lombarden innerhalb der Christenheit den schlechten Ruf des Geldverleihers mit den Juden teilten, schlug die Feindseligkeit, ja der Haß nie in Verfolgung um wie bei den Juden, denn es hafteten weder religiöse noch historische Gründe an dem geringen Ansehen, in dem sie bei den Christen standen«.[121]

Die Juden waren, das hat dieser Zweig der Forschung gezeigt, über lange Zeiträume vor allem die Geldverleiher kleiner, verschuldeter Leute und allmählich in dieser Rolle »durch die Christen verdrängt und in die Rolle von Verleihern gezwungen, die Geld auf kurze Zeit zu hohen Zinsen vergaben«.[122] Gleichwohl »verkörperten sie ... weiterhin das schlechte Ansehen der Geldgeschäfte, und die biblische, insbesondere im Evangelium begründete Verachtung des Geldes machte sie – bis heute – zu Verdammten durch das Geld«.[123]

---

121 Ebenda, S. 141
122 Ebenda, S. 82
123 Ebenda

Abb. 20: Das große Judenschwein
Deutsche Karikatur auf die Juden. 15. Jahrhundert

Abb. 21: Die Juden im Bunde mit der monarchischen und kirchlichen Reaktion. 1848

Gier und Pogrom

Die älteste von Fuchs präsentierte judenfeindliche Karikatur ist die Abbildung einer Kapitellverzierung des Regensburger Doms aus dem 13. Jahrhundert, einer »Judensau«, die von einem durch seinen spitzen Hut gekennzeichneten jüdischen Mann gemolken wird (Abb. 29). Der Sinn dieser Karikaturen, von denen Fuchs eine beachtliche Anzahl dokumentiert, lag von Anfang an klar auf der Hand: Die Juden, von deren religiöser Weisung man wußte, daß das Verzehren von Schweinefleisch tabu war, als Heuchler bloßzustellen, die in Wahrheit genau das taten, was ihnen untersagt war. Darüber hinaus zeigen all diese Abbildungen jüdische Physiognomien – besonders gut sichtbar auf der Abbildung 20 –, die beim Saugen an den Zitzen der Sau unverkennbar von besonderer Gier, also jener Todsünde gekennzeichnet sind, die mittelalterlichem Denken als die Untugend galt, die der Geldwirtschaft zugrunde lag.

Die spezifische Rolle der Juden in der mittelalterlichen Geldwirtschaft resultierte zunächst daraus, daß das alttestamentliche bzw. das in den Evangelien ausgesprochene Verbot, Zins zu nehmen, immer nur in bezug auf die eigene, jüdische oder eben christliche, Gemeinschaft galt. Juden, die ja keine Mitglieder der Kirchen waren, waren im christlichen Abendland davon offiziell ausgenommen – und zwar so lange, bis die Kreditwirtschaft ihren Aufschwung nahm. Unter der Herrschaft des französischen Königs Ludwig VII. wurde Juden 1154 zum ersten Mal der »Wucher« verboten und ihnen angesonnen, von ihrer Hände Arbeit zu leben; 1198 wurden Juden nach Konfiskation ihrer Kredite zum ersten Mal aus der Krondomäne ausgewiesen, in der Folge durften sie sich immer wieder ansiedeln, um dann wieder ausgewiesen zu werden – ein Muster, das sich später, vor allem im 14. Jahrhundert, in beinahe allen deutschen Reichsstädten in blutigen Pogromwellen wiederholen sollte.[124] Frantisek Graus konnte nachweisen, daß die diesen Vertreibungen vorhergehenden Pogrome alles andere als Ausdrucksformen spontanen Volkszorns waren, sondern in aller Regel sorgfältig geplante Maßnahmen ökonomisch interessierter Kreise, sei es, um der eigenen Schulden ledig zu werden, sei es, um die Schuldtitel der vertriebenen Juden zu übernehmen.[125] Pogrom, Mord und Vertreibung lassen sich somit schlicht als Maßnahmen zur Entschuldung und Bereicherung erklären. Freilich ist die interessengeleitete Planung von Pogromen nicht reduktionistisch zu verstehen – die mediävistische Forschung konnte gleichermaßen zeigen, daß sich Angst und Haß gegen Juden auch auf arme Juden richteten.[126]

---

124 F. Graus, a.a.O.
125 Ebenda, S. 227 f.
126 J. Delumeau, Angst im Abendland. Die Geschichte kollektiver Ängste im Europa des 14. bis 18. Jahrhunderts, Reinbek 1985, S. 419/420

Abb. 22: Caran d´Ache. Schlachtfeldhyänen

Eduard Fuchs – die Tragödie des guten Willens

Vor diesem Hintergrund läßt sich nun ein abschließendes Urteil über Eduard Fuchs' Buch zur jüdischen Karikatur wagen. Einzuräumen ist, daß der Forschungsstand der 1920er Jahre zur Geschichte von Geldwirtschaft und Kapitalismus noch keineswegs so präzise und quellengesättigt war wie in den letzten Jahrzehnten, so daß Eduard Fuchs' Abhängigkeit von Werner Sombart verständlich scheint. Freilich ist darauf hinzuweisen, daß Sombarts Buch *Die Juden und das Wirtschaftsleben* unter Historikern und Soziologen keineswegs unwidersprochen zur Kenntnis genommen wurde – Lujo Brentano etwa, ein Zeitgenosse Max Webers, urteilte in einer Schrift unter dem Titel »Judentum und Kapitalismus« unverblümt: ein »Buch voll der Frivolitäten eines sich als Übermensch fühlenden Übermütigen, der ... dem verblüfften Leser mit souveräner Verachtung ins Gesicht bläst und dazu von ihm verlangt, daß er seine Einfälle als ›unwiderleglich richtige‹ wissenschaftliche Sätze annehme«.[127] Zugunsten von Fuchs mag man anführen, daß sogar noch Adorno und Horkheimer Thesen vertraten, die Sombarts Einfluß verraten: »Die Juden waren Kolonisatoren des Fortschritts. Seit sie als Kaufleute römische Zivilisation im gentilen Europa verbreiten halfen, waren sie im Einklang mit ihrer patriarchalen Religion die Vertreter städtischer, bürgerlicher, schließlich industrieller Verhältnisse. Sie trugen kapitalistische Existenzformen in die Lande und zogen den Haß derer auf sich, die unter jenen zu leiden hatten.«[128]

Eduard Fuchs' Werk ist von einem beinahe tragisch zu nennenden Widerspruch durchzogen, der in gewisser Weise typisch für eine »klassisch linke« Stellungnahme zum Antisemitismus ist: Von des jungen Karl Marx zeitgebundener unrichtiger und historisch noch nicht weiter belehrter Reduktion von Juden und Judentum auf die Geldwirtschaft geprägt, will er sowohl gegen die reaktionäre und nationalistische antisemitische Agitation nicht nur in Deutschland angehen, als auch an den letztlich völkerpsychologischen, ja rassistischen Voraussetzungen seiner Gewährsleute Marx und Sombart festhalten. Den inneren Widerspruch, der sich dabei auftut, scheint er nicht bemerkt zu haben. Es ist nämlich nicht einzusehen, wie veränderte soziale Umstände, Reformen, ja Revolutionen eine tiefsitzende, also vererbbare rassische Neigung zu abstraktem Denken und auf das Erzielen von Profit gerichtetem, also egoistischem Handeln stillstellen sollten. Eduard Fuchs erhoffte sich die Lösung von der damals, 1921, noch durchaus zur einen oder anderen Hoffnung Anlaß gebenden Sowjetunion. Am Ende seines Buches bezieht er sich

---

127 Zitiert nach F. Lenger, Werner Sombart »Die Juden und das Wirtschaftsleben« 1911, a.a.O., S. 249
128 Th. W. Adorno/M. Horkheimer, Dialektik der Aufklärung, Ffm. 1981, S. 157

Abb. 23: Titelseite einer Nummer des russischen antisemitischen Wochenblattes »Pluvium«. 1907

auf eine Zeichnung,[129] die eine jüdische Auswanderergruppe zeigt und mit der Bemerkung unterschrieben ist: »Die Sonne geht im Westen auf« (Abb. 1). Fuchs beschließt sein monumentales Sammelwerk mit der Bemerkung: »Die geschichtliche Entwicklung hat die Dinge richtiggestellt: die Sonne der Juden geht nicht in Amerika auf, sie geht auch nicht in Palästina auf. Die Sonne geht im Osten auf. Und nicht nur für die Juden.«[130]

Die junge Sowjetunion schien den russischen, den zaristischen, den Antisemitismus der griechisch-orthodoxen Kirche besiegt zu haben, weshalb sich ja auch nicht wenige junge Juden in einer doppelten Rebellion gegen ihre konservativen Elternhäuser und das repressive Regime des Zarismus den Bolschewiki anschlossen, ohne daß doch die Mehrheit der russisch-jüdischen Jugend diesem Schritt gefolgt wäre.[131] Ohne jeden Zweifel war die russische Reaktion antisemitisch: Abbildung 27[132] zeigt die Karikatur eines Juden, die exakt jenem archetypischen Bild gleicht, das Homer von jenem mäkelnden und unheldischen Kritiker der Feldherren vor Troja gezeichnet hatte, Thersites:

Schielend war er und lahm an einem Fuß, und die Schultern
Höckerig, gegen die Brust ihm geengt; und oben erhob sich
Spitz sein Haupt, auf der Scheitel mit dünnlicher Wolle besäet.

Spätestens die Liquidation des Jüdisch-Antifaschistischen Komitees, die Moskauer Ärzteprozesse und der Prozeß gegen Slánský in der kommunistischen Tschechoslowakei sollten zeigen, daß sich das antisemitische Stereotyp nicht nur gegen den Wucher, sondern auch gegen den Geist, überhaupt gegen jede Opposition richten konnte – und das auch unter einer Herrschaft, die sich für kommunistisch hielt.[133]

---

129 Fuchs, a.a.O., S. 267
130 Ebenda, S. 310
131 Y. Slezkine, Das jüdische Jahrhundert, Göttingen 2006
132 Fuchs, a.a.O., S. 274
133 J. Baberowski, Verbrannte Erde. Stalins Herrschaft der Gewalt, München 2012, S. 472–476

Oben Abb. 24: Juden beim Frühstück. Englische Karikatur
Unten Abb. 25: Salomon beglückt sich und zwei schöne Christenmädchen
Englische Karikatur von Thomas Rowlandson. Um 1800

Abb. 26: Antisemitisches Wahlplakat zur Reichstagswahl. 1920

Rechts: Tafel 1

Eduard Fuchs
Die Juden in der Karikatur

Verlag Albert Langen in München

Die Juden in der Karikatur

Ein Beitrag zur Kulturgeschichte

von

Eduard Fuchs

Mit 307 Textillustrationen und 31 schwarzen und farbigen Beilagen

Albert Langen, Verlag, München

**Eduard Fuchs
Die Juden in der Karikatur**

III Die Rolle der Juden in der Geschichte

Welchen Anteil haben die Juden an unserer europäischen Kultur, das heißt: an ihrem Aufbau und an ihrer Entwicklung? Haben sie diese beeinflußt und in welchem Sinne? Waren sie Förderer und Mitbaumeister unserer Kultur oder immer nur Schmarotzer und Schädlinge an ihr?

Ich glaube, hierauf muß man die Frage zuspitzen. Denn die Kultur ist das, was aus der Vielheit der Einzelindividuen, Gruppen, Klassen und ganzen Völker eine Einheit im großen Stil macht; sie ist also für die Betreffenden das Gemeinsame und das Verbindende. Von einem gewissen Zeitpunkt der Entwicklung an, wo die Menschen und Völker anfangen, ihre Geschichte mit Bewußtsein zu machen, ist sie in einem gewissen Umfange auch das Gewollte, weil sie, ebenfalls bis zu einem gewissen Grade, das jeweilige Resultat des allgemeinen Strebens nach fortschreitender Vervollkommnung des Einzelnen wie des Ganzen darstellt. Aus der Art und dem Umfang, in dem die genannten einzelnen Teile eines bestimmten Kulturkreises an der spezifischen Ausbildung der betreffenden Kultur mitgewirkt haben oder noch mitwirken, ergibt sich der Maßstab für deren historischen Wert oder Unwert.

Die Antwort auf die Frage nach dem Anteil der Juden an der europäischen Kultur bekommt man, wenn man feststellt, welche Rolle die Juden bei der Ausbildung und Durchbildung der kapitalistischen Wirtschaftsweise gespielt haben. Denn diese ist Wurzel und Nährboden zugleich unserer gesamten modernen europäischen Kultur.

Die Kultur einer historischen Epoche ist niemals etwas anderes als die direkte Ausstrahlung der wirtschaftlichen Kräfte, die in ihr lebendig sind, und der Organisationsform ihrer Produktionsweise. Das heißt: der Denk- und Gefühlskomplex einer Zeit, ihre Moralien, ihre Kraft zu künstlerischer Gestaltung der Erscheinungen des Lebens, – sie alle sind letzten Endes bedingt von der Höhe der Entwicklungsstufe, auf der die betreffende Zeit ihre materiellen Lebensbedürfnisse – Essen, Kleiden, Wohnen – befriedigt. Wie eine Zeit produziert und wie sie konsumiert, – davon hängt in letzter Instanz alles andere ab, und danach formt sich darum auch alles Geistige. Je primitiver die Wirtschaftsweise einer Zeit ist, desto primitiver ist deren Denken und Fühlen. Und

Einer, der auch ohne eine Duma seinen Vorteil findet

Abb. 27: Russische Karikatur, »Pluvium«. 1907

umgekehrt; je höher die Stufenleiter der ökonomischen Allgemeinentwicklung einer Zeit ist, um so weiter ist der Umfang des Horizontes ihres Denkens, um so komplizierter ist ihre Gefühlswelt, umso reicher ihr künstlerisches Gestaltungsvermögen. Diese Zusammenhänge zwischen Wirtschaft und Kultur brauchen hier nicht mehr näher begründet zu werden, das ist von Berufeneren längst erschöpfend getan.

Auf Grund dieser Erkenntnis muß man also sagen: wie z. B. die mittelalterliche Kultur der Reflex der feudalen Produktionsweise, der reinen Naturalwirtschaft war, so ist unsere moderne bürgerliche Kultur nichts anderes als die Ausstrahlung der kapitalistischen Wirtschaftsweise, und deren Besonderheiten sind ihre Besonderheiten.

Auf diese Besonderheiten kommt es nämlich an. Das heißt, auf die beiden Fragen: Worin bestehen sie, und auf welchem Wege kamen sie in die Geschichte? Das festzustellen, sind die beiden zu lösenden Aufgaben.

Die Antwort auf die erste Frage – Worin bestehen diese Besonderheiten? – lautet: Sie bestehen im Aufkommen und vor allem in dem In-Bewegung-Kommen der Geldwirtschaft. Dieser Prozeß setzte am frühesten im südlichen Italien ein, und zwar im 11. und 12. Jahrhundert. Auf Italien folgten Frankreich und Spanien, dann der Reihe nach alle westeuropäischen Länder; bis zum Ausgang des 15. Jahrhunderts waren allmählich alle Mittelmeerländer von diesem Prozeß ergriffen, und damit in ihnen das Mittelalter überall abgeschlossen. Das Geld hatte in allen diesen Ländern seinen revolutionären und alles von Grund auf umwühlenden und umstürzenden Siegeszug über die Welt begonnen. In einzelnen Gebieten des Mittelmeerkreises, wie z. B. in Italien, war es im 14. und 15. Jahrhundert sogar schon zu einer der imponierendsten Ausstrahlungen der neuen, auf der Geldwirtschaft aufgebauten Wirtschaftsweise gekommen, zu der so zauberhafte Blüten treibenden Frührenaissance, und zwar infolge einer ganz ungeheuren Blüte der Geldwirtschaft in diesem Lande. —

Das Geld. Das Geld als spezieller Faktor der Entwicklung bedarf im Rahmen dieser Arbeit einer besonderen Erörterung. Der revolutionäre Charakter des Geldes kann kaum übertrieben werden. Das Geld ist das revolutionärste Element, das überhaupt jemals in die Welt eintrat. Diese Wirkung entsteht aus den folgenden Eigenschaften des Geldes. Durch die Einführung des Geldes als Tauschmittel für geleistete Arbeit wird die Arbeit mobil und transportabel. Bis dahin war sie fast ausschließlich an den Ort ihrer Entstehung gebannt. Sie mußte bis zu einem hohen Grade dort verbraucht werden, wo sie geleistet worden war. Damit waren der Produktivität und der Auswirkung der Arbeit naturgemäß die engsten Grenzen gezogen, und die Allgemeinzustände einer solchen Zeit konnten sich nur in einem durchaus primitiven Rahmen bewegen. Das war in Europa z. B. die Signatur des frühen Mittelalters. Diese Beschränktheit der Arbeitsverwertung hörte in dem Augenblick auf, als es zur Einführung des Geldes in der Form von Metallgeld kam. Edelmetall war wegen seiner spezifischen Eigenschaften überall begehrt, und dadurch wurde das Metallgeld schließlich zum alleinigen Wertmesser und Wertträger. Von dieser Stunde an konnte man die an einem Ort geleistete Arbeit an jeden beliebigen anderen Ort nicht nur des Landes, in dem man lebte, überführen, sondern schließlich überall dorthin, wo ebenfalls Tauschhandel auf der Basis des Metallgeldes sich entwickelt hatte. An jedem dieser Orte konnte die im Gelde verkörperte Arbeit wieder lebendig und damit die Arbeit wieder fruchtbar gemacht werden, die Arbeit des Südländers im hohen Norden und umgekehrt. Dies ist, das braucht nicht erst näher begründet zu werden, eine derart wichtige Eigenschaft, daß sie in ihrem Einfluß kaum überschätzt werden kann. Aber zu dieser einen Eigenschaft des Geldes, der Beweglichmachung der Arbeit, tritt noch eine andere, gleich wichtige. Durch die Einführung des Metallgeldes als Tauschmittel für Arbeit war, im Prinzip, hinfort keinerlei überschüssige Arbeit mehr nutzlos getan und verloren; weder von der Arbeit des Einzelnen noch von der ganzer Gruppen, wie es bis dahin stets der Fall war. Bis zur Einführung des Metallgeldes war die an einem Ort geleistete Arbeit zu dem Teil verloren, der nicht an Ort und Stelle verbraucht werden konnte. Darum gab es auch zur Zeit der Naturalwirtschaft kein intensives Streben zur Steigerung des Arbeitsertrages, und die Entwicklung dieser Periode vollzog sich nur im Schneckentempo. Die Lokomotive der Entwicklung muß mit überschüssiger Arbeit geheizt werden; und sie kann nur damit geheizt werden. Das war, wie gesagt, möglich mit dem Aufkommen der Geldwirtschaft. Aller Arbeitsüberschuß konnte von da an aufgestapelt und beliebig lang aufbewahrt werden. Man konnte die Arbeit im vollen Sinne des Wortes »auf Lager« legen, sie bekam hierdurch ein wahrhaft ewiges Leben. In Verbindung mit der erstgenannten Eigenschaft des Geldes, der Beweglichkeit, konnte man jetzt die Arbeit, d. h. ihre geheimen Kräfte, in ihrer ewig lebenden Form zugleich an jedem Ort, wo man ihrer bedurfte, konzentrieren, und obendrein in unbeschränktem Umfang. Auf diese Weise war den Menschen die Möglichkeit geschaffen, Aufgaben zu unternehmen und zu lösen, die über die Befriedigung der nackten Lebensbedürfnisse hinausgingen. Jetzt erst konnten sie Häuser und Städte bauen, gewaltige Kathedralen und stolze Rathäuser aufführen; jetzt erst konnten sie breite Flüsse mit Brücken überspannen, den Flüssen ihre Wege weisen und ihre Kräfte sich dienstbar machen; jetzt erst konnten sie den Schoß der Erde aufbrechen und deren Schätze ans Licht heben; jetzt erst konnten sie die Gebirge durchbohren, die Meere überqueren und schließlich einen Weltteil an den anderen ketten. Jetzt erst entstanden aber auch solche Bedürfnisse in der Menschheit.

Auf diese Weise und durch diese Eigenschaften revolutionierte das Geld die Welt. Wo es zur Geldwirtschaft kam, wurden die gesellschaftlichen Verhältnisse reich und vielgliedrig; sie komplizierten sich in dem gleichen Maße, wie sich

Tafel 3: Die Londoner Börse beim Eintreffen schlechter Nachrichten
Anonymer englischer Farbstich. Um 1780

der Geldverkehr ausdehnte. Der Horizont des Denkens der Menschen reichte so weit, als das Geld zu rollen vermochte, und die Phantasie der Menschen bekam täglich neue Schwingen.

Alles dieses in einen Satz zusammengefaßt heißt: Das Geld ist der Erwecker aller Kultur. Im besonderen Falle: unserer Kultur, aller ihrer Errungenschaften, aller ihrer technischen Wunder, aller ihrer künstlerischen Schöpfertaten. Das Geld hat unser Leben gestaltet auf Schritt und Tritt bis auf den heutigen Tag, – im Bösen freilich ebenso wie im Guten: die silbernen Kugeln haben tatsächlich den Weltkrieg entschieden, wie sie jeden welthistorischen Kampf in letzter Instanz entscheiden. Mit Genie, sagte Napoleon I. einmal, kann man höchstens eine Schlacht, aber keinen Krieg gewinnen. Obendrein ist das größere Genie meistens beim größeren Geldhaufen. Nur auf dem mit Gold gedüngten Kulturboden wachsen geniale Köpfe oder reifen geniale Taten. Nur weil jahrhundertelang ein Goldstrom durch Italien flutete, erwuchsen an seinen Ufern solche Wunderstädte wie Siena, Perugia, Bologna, Venedig, Florenz, Rom und Dutzende von anderen. Wunderstädte mit Wundermenschen wie: Giotto, Michelangelo, Raffael, Leonardo da Vinci, Cellini, Ghiberti, Donatello und hundert andere. Einzig deshalb erlangten hier die Literatur und die Wissenschaften um jene Zeit ihre höchste Blüte. Nur weil zu anderer Zeit ebenfalls große Geldströme nach dem kleinen Holland fluteten, entwickelten sich dort ein Rembrandt, Franz Hals, Jan Steen usw., nur deshalb florierten um diese Zeit in Holland die Universitäten. Man kann dieses alles vielleicht noch viel besser im Negativen als im Positiven beweisen: Wo das Geld aus irgendwelchen äußeren Gründen ausblieb, kam es niemals zu einer größeren Kultur, wo das Geld rar wird oder gar ganz verschwindet, dort verdorrt auch alsbald die Kultur und geht schließlich ganz zugrunde, mag sie zuvor noch so blühend, noch so mächtig gewesen sein. Das alte Rom zerbrach mit seiner gesamten gewaltigen Kultur am Edelmetallmangel; es fehlte allmählich das Geld, um dauernd die zum Schutze seiner Macht nötigen Söldner abzulöhnen. Das blühende Spanien der Renaissance ging zugrunde und blieb bis in die letzten Jahrzehnte unserer Gegenwart eine trostlose Steinwüste, weil ihm im 15. Jahrhundert das Geld ausging (weil es von dort auswanderte) – darum ging Kolumbus auch auf die Fahrt, um neues zu holen. Denn was er zu entdecken suchte, war nur Ophir, das sagenhafte Goldland der Alten. Der Zusammenbruch dieser beiden Kulturen infolge Versiegens des Geldstroms sind nur zwei besonders augenfällige Beispiele aus der Geschichte, wo diese Ursache ganz offen zutage liegt, und nicht, wie in zahlreichen anderen Fällen, erst als letzte, wenn auch entscheidende Instanz wirkte. Mit dem Geld geht die Sonne über den Menschen auf, mit seinem Verschwinden geht sie unter.

Erkennt man diese von Grund aufbauende und grundstürzende revolutionäre Rolle des Geldes in der Geschichte, und akzeptiert man diese Bedeutung,

Rothschild
Französische Karikatur von C. Léandre. 1898

Tafel 4: Rothschild
Französische Karikatur von C. Léandre. 1898

Tafel 5: Die Generalpumpe
Frankfurter Karikatur auf Amschel Rothschild als internationalen Geldgeber. 1845

so bedarf es fürwahr keines Saltomortales der Logik, um daraus den sehr wichtigen Schluß zu ziehen: also sind die Geldbesitzer, als Träger der Geldwirtschaft, zu allen Zeiten die wichtigsten Mitbaumeister am Aufbau der europäischen Kultur, und ihre besondere geistige Wesenheit muß unserer Kultur einen Teil ihrer bezeichnendsten Züge verliehen haben.

Diese Geldbesitzer aber waren in Europa von der Zeit an, von der ich mit dieser Arbeit einsetzen will, bis herauf in unsere Gegenwart, infolge Abstammung, Herkunft und einer Reihe anderer historischer Umstände in einem ganz auffallend großen Umfange – die Juden.

Da nun die Juden in ganz besonderem Maße die Geldbesitzenden waren und sind, so sind also auch sie es, die in besonderem Maße das kulturelle Antlitz Europas beeinflußt haben, und es ist ein gleicherweise untrennbares historisches Schicksal, daß man den Spuren der geistigen Wesenheit des Judentums in zahlreichen unserer politischen und gesellschaftlichen Zustände begegnen muß.

Das ist die Antwort auf die zweite der beiden oben gestellten Fragen: Auf welchem Wege kam in Europa die Geldwirtschaft in die Geschichte?

Das Wie dieses Geschehens, und in welchem Umfange es ein historisches Schicksal war, daß es gerade die Juden waren, welche die Geldwirtschaft in Europa in Fluß brachten und in ihrem neuen und besonderen Wesen bestimmten, das ist angesichts der Tatsache, daß mit dieser veränderten Wirtschaftsweise eine neue ganz einzigartige Kultur entstand, natürlich der Kernpunkt unseres Themas. Man muß dabei bedenken: aus diesem »Wie?« resultieren letzten Endes auch alle die Konflikte und Spannungen, die sich in den Tausenden von antijüdischen Karikaturen spiegeln, die seit dem 14. Jahrhundert erschienen sind. Deshalb erfordert dieses »Wie?« auch eine breitere Behandlung.

Man kann natürlich nicht behaupten: zur kapitalistischen Wirtschaftsweise (und damit zur kapitalistischen bürgerlichen Kultur) sei es in Europa einzig und allein durch die Juden gekommen. Eine solche Behauptung wäre gedankenlos. Denn jedes historische Ereignis, und noch mehr eine welthistorische Situation von solchem Ausmaß nach Breite und Tiefe, wie es die kapitalistische Wirtschaftsorganisation geworden ist, kann nur das Resultat einer ganzen Reihe zusammenwirkender, nach derselben Richtung drängender und sich gegenseitig ergänzender Faktoren sein. Was man jedoch sehr wohl behaupten kann, ist dies: es ist zum Kapitalismus in Europa gekommen, weil es gerade die Juden waren, die »unter Völkerschaften gerieten, die reif zur Entwicklung des Kapitalismus waren«, und weiter, daß es ohne diesen Zusammenstoß der nordischen Völker mit den Juden wohl kaum zum Kapitalismus gekommen wäre. Hier muß jedoch hinzugefügt werden, daß es zu einer kapitalistischen Entwicklung freilich trotz alledem nicht hätte kommen können, wenn man die Edelmetallschätze Amerikas nicht gefunden hätte; denn dann wären die von den Juden der Entwicklung zugeführten geistigen Elemente eben nicht lebendig geworden. Um eine Maschine in Gang zu bringen und in ständiger Bewegung zu halten, bedarf man der Kohle, die sie heizt. Für eine intensiv entwickelte Geldwirtschaft, denn eine solche stellt der Kapitalismus dar, braucht man ständig große Mengen Edelmetall.

Die Hauptrolle der Juden beim Aufbau des Kapitalismus, die man mit tausend guten Gründen belegen kann, besteht darin, daß die kapitalistische Wirtschaftsweise nicht nur bei ihrer Entstehung, sondern auch in ihrem ganzen weiteren Verlauf dadurch von den Juden in außerordentlichster Weise beeinflußt worden ist, daß diese, wie gesagt, in der ganzen Zeit die maßgebendsten Vertreter der Geldwirtschaft geblieben sind, und daß infolgedessen fast alle Formen und Institutionen der kapitalistischen Geldwirtschaft sozusagen jüdische Erfindungen oder jüdische Schöpfungen sind. Alle größeren und kleineren geldwirtschaftlichen Umwälzungen, die sich während der letzten sechs bis acht Jahrhunderte in den verschiedenen Ländern des europäischen Kulturkreises abgespielt haben, sind mehr oder weniger mit den Juden verknüpft. Die notwendige Folge dieser außerordentlich wichtigen Rolle der Juden im kapitalistischen Entwicklungsprozeß mußte sein, daß die kapitalistische Wirtschaftsweise in ihren wichtigsten Teilen deutliche Züge der jüdischen geistigen Wesenheit an sich trägt. Diese Rolle der Juden im Werdeprozeß des Kapitalismus kann man nun nicht nur behaupten, sondern schon heute, obgleich das vorhandene Material erst zu einem geringen Teil durchforscht ist, Zug um Zug beweisen. Ich werde versuchen, die wichtigsten Ergebnisse der Wissenschaft in dieser Richtung hier wenigstens summarisch zusammenzustellen.

Die Juden waren die Träger des Geldverkehrs fast seit dem Tage, an dem sie in die Geschichte eintraten. Sie waren dies, rein äußerlich angesehen, schon infolge ihres notorischen Geldreichtums, der sich wie ein goldener Faden durch ihre ganze Geschichte zieht, »ohne an einer Stelle abzureißen: von Salomo bis Bleichröder«. Dieser notorische Reichtum der Juden ist nicht dadurch widerlegt, daß man selbstverständlich mit vollem Recht sagen kann: es gibt unzählige arme Juden. Und wer nur einen einzigen Blick in das Judenquartier einer östlichen Judenstadt geworfen hat, z. B. in das von Lodz, der weiß überhaupt erst, was Massenarmut ist. Darauf kommt es jedoch nicht an, sondern auf die Verhältniszahl und den Durchschnittsreichtum innerhalb eines bestimmten Bezirkes. Und darnach sind unter der gleichen Zahl Juden und Christen immer mehr reiche Juden als reiche Christen. Anderseits ist der Durchschnittsreichtum der Juden stets ein größerer als der der Christen. Einige positive Zahlen aus Deutschland mögen dies belegen. In Berlin betrug (um 1905) der prozentuelle Anteil der Juden an der Gesamteinwohnerzahl 5,06 Prozent, der prozentuelle Anteil der von den Juden aufgebrachten Steuern am Gesamtsteuerertrag dagegen 30,77 Prozent. Ganz ähnlich ist das Verhältnis in anderen Städten, wo besonders viele Juden wohnen. In Breslau sind die Juden mit 4,3 Prozent an der

Tafel 6: Ein jüdischer Makler
Englische Karikatur von Thomas Rowlandson. 1801

Bevölkerung beteiligt, am Einkommen dagegen mit 20,3 Prozent. Auch wenn sich die Zahlen über ein ganzes Land erstrecken, ist das Resultat das gleiche. Im früheren Großherzogtum Baden waren die Juden (am 1. Dezember 1905) mit 1,29 Prozent an der Bevölkerung beteiligt, an der Einkommensverteilung auf Grund der Gesamteinkommenssteuer dagegen mit 9,06 Prozent. Die Juden sind also auf Grund dieser Zahlen im Durchschnitt stets nahezu fünf- bis sechsmal so reich wie die Christen. So war es durch alle Zeiten hindurch. Und es ist sogar anzunehmen, weil es in der Natur der Sache lag, daß in früheren Jahrhunderten, im Mittelalter und in der Frühzeit der kapitalistischen Entwicklung, als das Geld in den Händen und Truhen der Bauern und Handwerker noch eine gar seltene Sache war, das Reichtumsverhältnis zugunsten der Juden noch wesentlich größer war. Für die Tatsächlichkeit des jüdischen Reichtums in jenen Zeiten will ich hier nur ein paar historisch feststehende Beispiele nennen: Mardochai Meisel in Prag, der im 16. Jahrhundert lebte, war so reich, daß er es vermochte, eine prächtige Synagoge bauen und die ganze Judenstadt pflastern zu lassen. Das Vermögen des im 17. Jahrhundert in Holland lebenden portugiesischen Juden De Pinto wurde auf acht Millionen Gulden geschätzt. Aus dem Jahre 1725 sind über die vermögenden Juden in Altona und Hamburg folgende Namen und Zahlen bekannt: Salomon Berens besitzt 1,600 000 Mf., Meyer Berend 400 000 Mf., Elias Oppenheimer 300 000 Mf., Joel Salomon 210 000 Mf., Berend Salomon 600 000 Reichstaler, Meyer Berens 400 000 Reichstaler und so fort. Aus Frankfurt sind vom Ende des 18. Jahrhunderts folgende Zahlen und Namen bekannt: Speyer 604 000 Gulden, Reiß Ellissen 299,916 Gulden; Haas Kann 256 500 Gulden, Amschel Schuster 253 000 Gulden und so fort. Unendlich lange Listen könnte man in dieser Weise füllen. Für das 16. und 17. Jahrhundert ist die außerordentliche Höhe der Zwangsdarlehen beweiskräftig, die den Juden dieser oder jener Stadt von den Königen oder Kaisern immer wieder auferlegt und von den betreffenden Juden auch aufgebracht wurden. In derselben Zeit gab es zahlreiche Gemeinden, wo die Mehrzahl der ansässigen christlichen Bevölkerung einigen wenigen, mitunter sogar einer einzigen Judenfamilie verschuldet war.

Der große Reichtum der Juden ist in allen Zeiten und Ländern sprichwörtlich gewesen. Soweit eine Nachprüfung im einzelnen Fall möglich ist, erweist sie stets die Richtigkeit dieser Annahme, und obendrein die Tatsache, daß die Juden fast immer die reichsten Leute der betreffenden Stadt sind, d. h. daß sie zumeist mehrfach reicher sind als die Christen, in deren Mitte sie wohnten. Gewiß kann man aus der jüngsten Vergangenheit sagen, daß z. B. im zaristischen Rußland der reichste Mann kein Jude war, weil es der Zar war, und man kann weiter sagen, daß die reichsten Amerikaner, sofern ich mich nicht täusche, ebenfalls keine Juden sind, aber darin kann nur ein Dummkopf einen Widerspruch finden.

Hier an dieser Stelle möchte ich gleich noch etwas einschalten: weil der jüdische Geldreichtum einen so großen Anteil am Gesamtvermögen ausmacht, und früher, wie gesagt, einen noch größeren als heute, so erklärt sich schon dadurch, daß eine Stadt oder ein Land alsbald verarmten und in ihrer Kultur verblaßten, wenn die Juden der betreffenden Stadt oder des betreffenden Landes aus irgendeinem Grunde auswanderten, während andererseits dort alsbald eine besondere Blüte der Kultur entstand, wo die andernorts vertriebenen Juden ihre neuen Wohnsitze aufschlugen. Es gibt für diese krasse Erscheinung zahlreiche Beispiele in der Geschichte. Der schon oben erwähnte Zusammenbruch Spaniens und die Blüte Hollands und Englands im 17. Jahrhundert sind durch diese Geldverschiebungen fast restlos zu erklären. Die Verschiebung des wirtschaftlichen Schwergewichtes vom Süden Europas nach dem Norden Europas im 16. Jahrhundert dürfte viel weniger, oder richtiger gar nicht, zusammenhängen mit der Entdeckung der neuen Seewege, sondern vielmehr mit der durch Gewalt herbeigeführten Abwanderung der Juden aus dem Süden nach dem Norden Italiens, denn mit ihnen, in ihren Reisesäcken, wanderte der mobile Reichtum aus dem Süden nach dem Norden. Als der Senat von Venedig 1550 beschloß, auch die getauften Juden, die Marannen, auszuweisen und den Handel mit ihnen zu verbieten, erklärten die christlichen Kaufleute, daß sie dann auch gleich mit fortziehen könnten, weil die Juden den gesamten Handel mit dem Ausland in Händen hätten. In Antwerpen erlebte man um dieselbe Zeit genau das gleiche Schauspiel. Die Bemühungen der christlichen Kaufleute Antwerpens waren jedoch erfolglos; die Juden wandten sich nach Amsterdam, und mit Antwerpens Blüte war es zu Ende. Die kurze Blüte Antwerpens im 16. Jahrhundert fällt tatsächlich genau in die Zeit zwischen der An- und Abwanderung der Juden. Als in Bordeaux im Jahre 1675 infolge der Plünderungen eines Söldnerheeres einige große portugiesische Juden (darunter Gaspard Gonzales und Alvares) die Stadt verlassen hatten, hörte alsbald der ganze Großhandel auf. Hamburg und Frankfurt haben im 17. und 18. Jahrhundert eine Blütezeit durchgemacht wie zur selben Zeit wenige französische und englische Städte, und beide waren damals die klassischen Judenstädte. Um 1700 zählte Frankfurt 3000 Juden bei einer Gesamteinwohnerzahl von 18000! In Hamburg dürfte das Verhältnis ein ähnliches gewesen sein. Nürnberg, Ulm, Augsburg verfallen um die gleiche Zeit – dort werden die Juden verfolgt. Genau ebenso ist die Situation in Frankreich: alle die Städte blühen sehr bald, wohin die andernorts vertriebenen Juden hinströmen: Bordeaux, Marseille, Rouen. Es sind die blühendsten Städte Frankreichs im 18. Jahrhundert, und es sind zugleich Frankreichs Judenstädte in dieser Zeit. Diese zwingenden Zusammenhänge sind bis jetzt den allerwenigsten Wirtschaftshistorikern aufgegangen.

Auf die Frage, der wir uns jetzt zuwenden müssen: woher rührt ursprünglich der Reichtum der Juden? dürfte zu sagen sein, daß es so scheint, »als sei ihnen in den Anfängen ohne ihr Zutun viel Geld zugeflossen; oder richtiger: Edelmetall zugeflossen, das sich dann später in Metallgeld umgewandelt hat. Man hat, so viel ich sehe, noch niemals darauf geachtet, welche großen Mengen von Edelmetall – damals vorwiegend nicht in der Geldform natürlich – zur Königszeit in Palästina müssen aufgehäuft gewesen sein.« (Sombart) Diese Reichtümer sind später, als sich das Bargeld durchgesetzt hatte, ständig und in ganz außerordentlicher Weise durch die Tempelsteuern der vielen jährlich nach Jerusalem wandernden Pilger angewachsen. Diese ließen natürlich auch sonst viel Geld in Jerusalem. Es gibt mehrere Berichte aus dem Altertum, die Angaben über den gewaltigen, auf diese Weise in den Händen der Juden sich sammelnden Reichtum machen. In Jerusalem muß darnach in jenen Zeiten ein ganz ungeheurer Geldzusammenfluß stattgefunden haben, der selbstverständlich zu sehr viel individuellem Reichtum führte, und der zu einem großen Teil natürlich auch in den Händen oder Taschen der aus Palästina abwandernden Juden blieb.

Aber durch diesen Umstand allein, daß ursprünglich große Geldströme nach Palästina fluteten, ist der notorische Reichtum der Juden, der durch alle Jahrhunderte hindurch und bis auf den heutigen Tag festzustellen ist, absolut nicht erklärt. Und noch weniger der Umstand, der schließlich der allerwichtigste ist, daß unter den gleichen Verhältnissen die Vermögen der Juden immer viel rascher zunahmen als die ihrer christlichen Mitbürger, worüber es ebenfalls eine ganze Reihe zuverlässiger Zahlen gibt. Gewiß »heckt das Geld von allein«, wie das Sprichwort sagt. Aber andrerseits ist es doch ebenso notorisch, daß in Hunderten von Fällen die großen Vermögen im Laufe der Zeit wieder in nichts zerflossen sind. Freilich muß hier die Einschränkung gemacht werden, daß es sich bei diesen Vermögensauflösungen in den selteneren Fällen um jüdische Vermögen gehandelt hat. Aber trotz alledem reicht die palästinensische Urquelle des jüdischen Reichtums nicht aus für die Erklärung, daß die über die ganze Welt verstreuten Juden dauernd und in wachsendem Maße an dem lokalen wie an dem nationalen Reichtum beteiligt waren. Es mußten unbedingt noch andere Umstände hinzutreten, um zu diesem Resultat zu führen. Die Juden mußten einesteils in eine Lage kommen, die sie zwang, oder die es ihnen mindestens ermöglichte, den jeweils vorhandenen oder erworbenen Besitz zu bewahren, und andererseits mußten sie ein besonderes Talent dafür haben, ihren Besitz ertragreicher als die Völker, in deren Mitte sie lebten, anzulegen und zu mehren. Und diese beiden Umstände kommen auch tatsächlich hinzu. Ich werde versuchen, dies zu beweisen. In Deutschland z. B. hat die Juden ihr Schicksal fast immer dazu verdammt, viel weniger Gelegenheiten als die Christen zu haben, ihr Geld auszugeben. Infolge ihrer ständigen Zurücksetzung im bürgerlichen Leben mußten sie noch bis in die jüngste Vergangenheit allen jenen Veranstaltungen fernbleiben, die nie Geld eintrugen,

Tafel 7:
Gotts Wunder, welcher Glanz und Schein;
Das muß ep' s rores von Vergilding seyn!
Schwärmerischer Blick in die Sonne
Anonyme deutsche Karikatur. 1820

sondern nur viel Geld kosteten. Ihre Söhne konnten weder Offiziere werden, noch sonstige Berufe ergreifen, die zu einem standesgemäßen, geschweige denn zu einem luxuriösen Leben zwangen. In früheren Jahrhunderten standen die Juden – freilich nicht nur sie allein, sondern auch alles sogenannte niedere Volk – direkt unter einem ihnen auferlegten Luxusverbot. Im Ghetto war ihre Wohnungsweise die denkbar dürftigste, und gerade dieser Zustand hat sich überall nur sehr langsam gebessert. Mit einem Wort: alle »Geschäftsspesen« der herrschenden Klassen waren den Juden erspart. Eine solche historische Situation wirkt enorm kapitalbildend, und da dieser Zustand, der kategorische Ausschluß von allem grandseigneuralen Leben, Jahrhunderte währte, so wurde den Juden hierdurch außerdem das Sparen systematisch angezüchtet. Der Jude wurde auf diese Weise zum typischen Sparer. Weil jedem Juden schon in der frühesten Jugend das Sparen angewöhnt worden war, so zerfloß der vererbte Reichtum in den seltensten Fällen in den Händen verschwenderischer Erben.

In alledem ist gewiß eine der Wurzeln des jüdischen Reichtums zu suchen. Aber viel ausschlaggebender ist doch der zweite Umstand, das angeborene Talent der Juden zum Geldverdienen: daß sie es verstehen, ihren Besitz ertragreicher als die Christen anzulegen und umzusetzen. Das ist in der Tat der in letzter Instanz ausschlaggebende Faktor. Dieses Talent zum Geldverdienen besteht in dem ausgesprochenen Sinn der Juden für die Geldwirtschaft. Dieser Sinn hat die Juden frühzeitig die lohnendste Seite der Geldwirtschaft finden lassen: die Geldleihe. Selbstverständlich nicht die Geldleihe aus Gefälligkeit, sondern als Geschäft, gegen Entschädigung, gegen Zins. Geldleihe gegen Zins bedeutet: ohne brutalen Zwang andere für sich arbeiten zu lassen und auf diese Weise auch des Ertrags der Arbeit anderer teilhaftig zu werden. Dieser angenehmsten aller Beschäftigungen hat sich der Jude mit Vorliebe und mit dem allergrößten Eifer durch alle Jahrtausende hindurch gewidmet, wo er auch war: der Jude lieh in Palästina »auf Pfänder« – denn diese mußten ihm als Sicherheit für das hergeliehene Geld dienen; er lieh im Mittelalter »auf Pfänder«, er tat dies als Hofjude im 18. Jahrhundert, und er tut heute noch dasselbe als Bankier. Aus dieser Tätigkeit vor allem stammt der notorische Reichtum der Juden, von dem wir oben einige genauere Zahlen kennengelernt haben. Aus dieser Tätigkeit stammt aber auch noch ein zweites, nämlich die kapitalistische Wirtschaftsweise. Der Kapitalismus ist aus der Geldleihe geboren. Was das Wesen des Kapitalismus ausmacht, steckt im Keime alles in der Geldleihe. In der Geldleihe fehlen alle persönlichen Beziehungen zur Arbeit. Die Geldleihe ist keine Arbeit, die zu einem Produkt führt, sondern sie führt nur zu einem Gewinn. Die Geldleihe ist ein nacktes Rechenexempel, wobei es sich ganz gleich bleibt, ob es sich bei der Hergabe des Geldes um die Installierung eines Hurenhauses oder um den Bau eines Sanatoriums handelt. Alles das sind auch die Wesenszüge des Kapitalismus. Vor allem aber deckt sich der Kapitalismus mit der obersten, schon weiter oben genannten Haupteigenschaft der Geldleihe: andere für sich arbeiten zu lassen; mit den schwersten körperlichen Arbeiten Geld zu verdienen, ohne sich selbst im Geringsten körperlich anstrengen zu müssen.

Weil also die Juden die Geldwirtschaft in Fluß brachten, und weil sie dabei in Europa mit einer Entwicklung zusammentrafen, die reif zum Kapitalismus war, darum wurden sie auf diese Weise direkt und dauernd die ständigen Inspiratoren der kapitalistischen Wirtschaftsweise. Das ist dieser Frage letztes Geheimnis.

Der auffallende und gewiß nicht wegzuleugnende besondere Sinn der Juden für die Geldwirtschaft wurde seither zumeist aus der Ursache erklärt, daß den Juden seit dem Ausgang des Mittelalters keine andere Form des Geldverdienens zugänglich gewesen sei, und daß sie früher ebenfalls auf andere Weise, z. B. als Ackerbauern, ihr Geld verdient hätten. Diese Erklärung ist zum größeren Teil falsch und zum übrigen mindestens unzureichend. Es ist nicht wahr, daß die Juden früher Ackerbauern gewesen sind. Es ist auch falsch, daß die Juden von Natur ein handeltreibendes Volk sind. Die klassischen Handelsvölker der Antike waren die Phönikier, die Griechen, die Syrier, aber nicht die Juden. Die Juden haben dagegen von Anfang an eine besondere Begabung für das Geldleihgeschäft gehabt, und sie trieben dies, wie gesagt, schon in Palästina. Mit welch großem Erfolg, das erfährt man aus der Bibel mit aller Deutlichkeit. Jahve, der Gott der Juden, verheißt seinem Volke: »Der Herr Dein Gott wird dich segnen, wie er dir geredet hat. So wirst du vielen Völkern leihen und wirst von Niemand borgen.« Das Religionsbuch der Juden, der Talmud, ist nicht zum kleinsten Teil ein wahres Lehrbuch für diese ertragreichste aller Tätigkeiten. Wie ertragreich das »Geld auf Pfänder leihen« im Mittelalter und in der Frühzeit der kapitalistischen Wirtschaftsweise war, erfährt man aus einer Reihe Verordnungen, worin die Höhe des Zinses festgelegt worden ist, der den Juden zu nehmen erlaubt war. Nach den Feststellungen von Dr. Ignaz Schwarz in seiner Studie zur Geschichte der Wiener Juden betrug der Zinssatz im 15. und 16. Jahrhundert in Wien bis zu 65 Prozent. Der Zins, den die Juden nahmen, war früher nicht selten sogar so hoch, daß er im Verlauf eines Jahres ebensoviel und noch mehr ausmachte als die Höhe des geliehenen Kapitals. Das wurde vor allem durch den sogenannten Wochenwucher erreicht, indem man den vereinbarten Zins per Woche berechnete. »Nur ein Groschen von der Mark wöchentlich« (Kohut) galt schon als eine Mäßigung. Diesen hohen Zinssätzen standen freilich ständig große Verluste an den ausgeliehenen Beträgen gegenüber, und sie wurden sehr häufig damit auch begründet. Im 17. und 18. Jahrhundert waren 10 bis 15 Prozent Zinsen noch allgemein übliche Sätze, die man gar nicht übertrieben fand und für die der Geldbedürftige froh war, Geld zu bekommen, auch wenn er dem Darleiher sowieso alle gewünschten Sicherheiten leisten konnte. Dazu kam, daß der Jude jahrhundertelang keinerlei ernstliche Konkurrenz bei dem Beruf des Geldleihens hatte; denn dem Christen war es nach der Bibel verboten, Zins zu nehmen; dem Juden dagegen war es ein Verdienst, wenigstens gegenüber dem Fremden, und das waren alle Nichtjuden. Das, worauf es hier ankommt, ist jedoch, daß es sich um ein Sondertalent der Juden »zum Wuchern« handelte. Gemocht und gemacht haben es nämlich trotz allen kirchlichen Verboten gewiß sehr viele Christen, d. h. alle Nationen und alle Glaubensbekenntnisse; aber verstanden hat dieses Geschäft niemand so gut wie die Juden. Darüber gab es nirgends und bei niemand einen Zweifel. Und darum hat man in den Zeiten des sich steigernden Wirtschaftsverkehrs, als alle Welt flüssiges Geld brauchte, das Nehmen von Zins, d. h. den Wucher der Juden, nicht nur geduldet, nein, die Stadtoberhäupter haben den jüdischen Wucher sogar mit allen Kräften gefördert. Weil niemand die neuen Probleme der Geldwirtschaft in derselben Weise zu bewältigen verstand wie die Juden, wurden diese von den Stadtverwaltungen im Mittelalter geradezu angefleht, sie möchten doch ja in die Stadt »wuchern« kommen. Sie sollten alle nur erdenklichen Vergünstigungen erhalten. Förmliche Verträge wurden noch im 15. und 16. Jahrhundert von italienischen Stadtgemeinden mit den angesehensten jüdischen »Wucherern« abgeschlossen, damit diese eine Leihbank errichteten oder sonstwie auf Pfänder liehen. Auf diese Weise wurde der Wucher, worunter man ursprünglich auch das reelle Zinsgeschäft verstand, überall das Monopol der Juden. Statt Zinsen sagte man daher vielfach »Judenkosten«. Natürlich waren reiche Juden in den geldbedürftigen Zeiten obendrein auch sehr begehrte Steuerzahler, deren Zuzug sehr erwünscht war. Das galt nicht nur für einzelne Städte, sondern für ganze Länder, so z. B. für England zur Zeit des Langen Parlaments im 17. Jahrhundert und unter Karl II., wo die Geldbedürfnisse in England sehr groß waren. Als Dank für ihre oft sehr erwünschte Anwesenheit und Tätigkeit nahmen die Städte und Fürsten die Juden in kritischen Zeiten in Schutz; wenigstens bestimmte Familien. So entstand das System der Schutzjuden, der Kammerknechte und im 17. Jahrhundert das der Hofjuden.

Vermöge ihres individuellen Reichtums und noch mehr infolge ihrer internationalen Beziehungen konnten die Juden den Städten und den Fürsten auch die nötigen großen Kredite verschaffen, die diese im Zeitalter der Geldwirtschaft zur Bewältigung ihrer kommunalen Aufgaben oder zur Deckung ihrer Kriegführung brauchten. So wurden die Juden die frühesten und häufigsten Anleihegeber. Der Jude Suasso leiht Wilhelm von Oranien im Jahre 1688 zwei Millionen Gulden. Der Jude Sinzheimer, der neben den Juden Oppenheimer und Wertheimer der bedeutendste Staatsgläubiger Österreichs war, hatte im Jahre 1739 Forderungen an den Staat von etwa fünf Millionen Gulden. Sampson Gideon bringt im Jahre 1745 in England eine Anleihe von 1700000 Pfund auf. Auf die Gideons folgen in England die Juden Salvador als Finanzmacht und bei

Beginn des 19. Jahrhunderts die über ganz Europa verbreitete Finanzdynastie Rothschild. Samuel Bernard ist in Frankreich unter Ludwig XIV. der Geldgeber im Spanischen Erbfolgekrieg. Er galt damals als der größte Bankier Europas.

Eine außerordentlich große Rolle spielten die Juden vom 15. bis 18. Jahrhundert als Heereslieferanten. Sie lieferten einfach alles: Waffen, Munition, Ausrüstung, Verpflegung und außerdem das Geld für die Löhnungen. Eine ganze Anzahl Juden sind geadelt worden bloß wegen ihrer großen Verdienste um die erfolgreiche Heeresbelieferung. Der portugiesische Jude Carvajal, der um 1630 in London einwanderte, ist der bedeutendste Heereslieferant des damaligen englischen Freistaates gewesen. Zur Zeit der großen englischen Revolution gehört er zu den fünf großen englischen Kaufleuten, denen der Staatsrat die Getreidelieferung für das Parlamentsheer übertrug. Man nannte ihn »the great Jew«. In der nächsten Periode spielte Sir Solomon Medina dieselbe Rolle, er wurde dafür in den Adelsstand erhoben, »er ist der erste (ungetaufte) adlige Jude in England«. Der Marschall Moritz von Sachsen, der Sieger von Fontenoy, äußerte, daß seine Armeen niemals besser verproviantiert gewesen seien, als wenn er sich an die Juden gewandt hätte. Der Jude vermochte solche Leistungen, die den Christen versagt waren, zu Wege zu bringen, kraft seiner Beziehungen und infolge des Zusammenhaltes unter den Juden, wodurch er überall seine Helfershelfer hat. Die Juden erwiesen sich so als die ersten großen geschäftlichen Organisatoren.

Ohne die finanzielle Geschicklichkeit und Willfährigkeit der Juden läßt sich kein Krieg führen – das war bis in unsere Zeit herein die feste Meinung der meisten Staatenlenker, und es ist jedenfalls mehr als bloß ein guter Witz, wenn die Anekdote erzählt wird, die Frau von Amschel Rothschild habe einmal gegenüber einem Besuch auf die Frage, ob es wohl Krieg gebe, geantwortet: »Nei, nei, es gibt kein Krieg, mei Amschel gibt kei Geld her.« Aus den Hofjuden wurden die Steuerpächter, die Schatzmeister und schließlich die Finanzminister, die nicht nur hinter den Kulissen, sondern ganz offen die Finanzen der Städte und Länder beherrschten. Man kann wohl sagen, daß die Juden jahrhundertelang die Finanzen Europas fast ausschließlich beherrscht haben. Während der Regierung der Königin Anna II. in England ist Menasseh Lopez der leitende Finanzmann Englands. Im 17. und 18. Jahrhundert gibt es nicht einen deutschen Hof, der nicht seinen Hofjuden hatte, manchmal hatte er auch mehrere. Über anderthalb Jahrhunderte lang waren die Hofbankiers am Wiener Hof nur Juden. Auch Bismarck und die Hohenzollern hatten ihren Hofjuden, nämlich Bleichröder. Und wie immer, so auch in diesem Falle, kamen alle drei Parteien auf ihre Kosten: Bismarck, die Hohenzollern und Bleichröder.

So wurde die besondere Geschicklickeit der Juden in den Fragen der Geldwirtschaft die oberste Ursache ihrer großen Macht und ihres starken Einflusses in Gemeinde und Staat, worüber sie trotz ihrer Unterdrückung immer und

Tafel 8: Einer vom Stamme Levi gedenkt sich mit einer hübschen Christin zu amüsieren
Anonymer englischer Farbstich. 1778

überall verfügten, oder wenigstens immer wieder sehr bald verfügten, wenn sie auch kurz zuvor noch so heftig verfolgt worden waren.

Wie es nicht wahr ist, daß die Juden von Natur ein Ackerbauvolk sind, so gehört es, wie gesagt, zu den verbreitetsten Irrtümern, daß sich die Juden immer nur gezwungenermaßen der Geldwirtschaft zugewandt hätten, weil ihnen angeblich schon im Mittelalter und vielfach bis nahe an unsere Gegenwart heran alle anderen Berufe verschlossen gewesen wären. Es ist gewiß richtig, daß den Juden früher in unendlich vielen Fällen und an sehr vielen Orten die Ausübung eines Handwerks verboten war, daß sie in den Zünften und Gilden niemals Zutritt fanden, daß sie nur mit ganz bestimmten Artikeln Handel treiben durften, und daß ihnen der Erwerb von Grund und Boden an vielen Orten versagt war. Hieraus darf auch gefolgert werden, daß diese stark eingeengte Stellung im Erwerbsleben die Neigung zur Beschäftigung in der reinen Geldwirtschaft bei ihnen sehr gefördert hat, und daß damit eine vorhandene Geldliebe künstlich bei ihnen weiter gezüchtet worden ist. Aber wenn es mir auch nicht einfällt, die den Juden in früheren Zeiten zuteil gewordenen Beschränkungen geringer einzuschätzen, als sie in Wirklichkeit gewesen sind, so muß doch mit aller Entschiedenheit immer wieder gegen den landläufigen Irrtum protestiert werden, als sei die vorzugsweise Beschäftigung der Juden auf den Gebieten der Geldwirtschaft ein ihnen erst in Europa sozusagen mit Gewalt angezüchteter Beruf. Ich habe bereits geschildert, daß auch in Palästina die Geldwirtschaft die Hauptfunktion der Juden bildete. Es ist aber auch nicht wahr, wenn man sagt, daß ihnen in Europa niemals ein anderer Ausweg geblieben sei, als die Beschäftigung in der Geldwirtschaft. Es ist leicht nachzuweisen und durch Hunderte von Beispielen zu belegen, daß sich die Juden in unendlich vielen Fällen der Geldwirtschaft widmeten, wo absolut kein äußerer Zwang dazu vorlag, daß sie auf die Ausübung eines Handwerks verzichteten, obgleich sie nichts daran gehindert hätte, als ihr eigener Wille; es steht fest, daß sie niemals einem Berufe sich widmeten, der größere körperliche Anstrengungen erforderte. Und zwar handelte es sich hierbei nicht nur um vorübergehende Möglichkeiten, denn solche würden nichts bedeuten, sondern um sehr lange währende Möglichkeiten; ich nenne nur Holland vom 17. und England vom 18. Jahrhundert an. Immer und überall hat sich nur ein verschwindend kleiner Teil der Juden der Landwirtschaft gewidmet, auch wenn ihnen der Betrieb der Landwirtschaft nicht im geringsten verwehrt war. Alles das sind absolut feststehende und leicht belegbare Tatsachen.

Was ergibt sich nun hieraus als Schlußfolgerung? Ich meine, daß man gar keinen Grund hat, hieraus auf eine moralische Minderwertigkeit der Juden gegenüber den Christen zu schließen und zu sagen, daß die Juden den leichten und den unehrlichen Gelderwerb der ernsten redlichen Arbeit vorzögen. Das ist die Logik des wildgewordenen Spießbürgers, der unter den Wirkungen der sich stets umwälzenden Geldwirtschaft leidet und in seiner borniertenWut den Vermittler mit dem geheim wirkenden Gesetz verwechselt. Wohl aber muß man aus diesen Tatsachen schließen, daß die Juden von Natur zu der abstrakten Tätigkeit der Geldwirtschaft prädestiniert sind und darum einem fast unwiderstehlichen inneren Zwange folgen. Das ist wirklich der einzige vernünftige Schluß, den man ziehen muß. Die Juden sind tatsächlich im Vergleich zu uns Nordländern rein abstrakte Naturen. Darin besteht die spezifische Wesenheit ihrer Psyche, sie sind ausgesprochene Intellektualisten. Die letzte Ursache dieser spezifischen Geistes- und Gemütsart liegt in ihrer Herkunft und in ihrer Abstammung, d. h. also: sie liegt den Juden im Blute. Die Juden sind in ihrem Ursprung ein Wüstenvolk und außerdem ein Nomadenvolk. Der Pentateuch ist das Religionsbuch eines Nomadenvolkes, das ergibt sich auf jeder Seite. Die Herkunft aus der Wüste bedeutete den Zwang, die Dinge immer im klaren Lichte und mit ungebrochenen Konturen zu sehen – denn so zeigt sie die Wüste – und niemals im auflösenden Nebelschleier unserer Flußtäler, unserer nordischen Wälder und unserer Sümpfe. Dieser Ursprung und dieser Zustand, in dem die Juden nach neueren Forschungen mindestens zehntausend Jahre verbrachten, hat das Abstrakte in ihnen gezüchtet. Daß die Juden außerdem durch ihr historisches Schicksal sehr früh zu einem Nomadenvolk wurden, das hat ihre spezifische geistige Wesenheit, ihren Intellektualismus auf jenes Gebiet des Erwerbs gelenkt, das unbedingt eine der wichtigsten Wurzeln der Geldwirtschaft darstellt. Der Nomade ist stets ein Hirt, der Hirt aber sieht am raschesten die Ergebnisse seiner Tätigkeit heranreifen, er muß nicht so lange warten wie der seßhafte Bauer, der seinen Besitz nur langsam wachsen sieht. Als Nomade in der Wüste ist der Hirt außerdem steten Gefahren ausgesetzt. Sein Besitz muß deshalb beweglich und realisierbar sein. Das Wüstenleben entwickelte infolgedessen frühzeitig ein starkes Organisationstalent, und ebenso die Fähigkeiten des Verstandes, um eine drohende Gefahr rechtzeitig zu erkennen, ihr aus dem Wege gehen zu können und die Dinge im Wechsel zu meistern. Das Nomadenleben entwickelte weiter eine starke Anpassungsfähigkeit an jede veränderte Situation. Alle diese Eigenschaften sind abstrakter Natur, sind intellektuelle Fähigkeiten. Und diese Fähigkeiten zeichnen den Juden in erster Linie aus. Das spätere historische Schicksal der Juden hat diese Eigenschaften zweifellos noch gesteigert. Die Nomaden wurden Wanderer über die ganze Welt, die stets das gelobte Land suchten, den Ort, wo sie endlich den Frieden finden würden und sich für immer ausruhen könnten. Ahasverus, der Ewige Jude, ist das erschütternde Symbol dieser ewigen Unstetigkeit, die zugleich eine grandiose Zielstrebigkeit darstellt. (…) Diese ewigen Wanderer, die nirgends in der Geschichte die letzte Ruhe fanden, waren zugleich die anpassungsfähigsten von allen Völkern. Sie haben sich allen Völkern der Welt angepaßt, in deren Mitte sie sich niedergelassen haben. Sie haben überall die

Dinge gemeistert und wurden schließlich überall die Herren der veränderten Situation. Das spätere historische Schicksal der Juden, das nachlegendäre, hat ohne Zweifel auch eine intensive Auslese unter den Juden getroffen, es hat jene Individuen in die Ferne gerissen, in denen der Nomadencharakter am intensivsten wirksam war, und es hat außerdem denen unter ihnen die stärksten Entwicklungsmöglichkeiten geboten, die über die vorhin genannten Eigenschaften in besonderem Maße verfügten. Das letztere deshalb, weil die verschiedenen Kulturen, mit denen die Juden bei ihrem Weg über die Welt in Berührung kamen, bei einem bestimmten Grad der Entwicklung gerade dieser Eigenschaften als Ergänzung bedurften. Aus diesem Grunde haben sich diese spezifischen jüdischen Eigenschaften, ihre geistige Wesenheit, im Laufe der Zeit nicht nur nicht verloren, sondern bis auf den heutigen Tag fortgeerbt. Vielfach in der potenzierten Form, die uns z. B. Charakterköpfe hervorbrachte, wie es ein Karl Marx ist, der an abstrakter Denkkraft kaum seinesgleichen in der gesamten Menschheitsgeschichte hat. Dies alles läßt sich aus dem Ursprung und der Herkunft der Juden, aus dem Nomadencharakter eines Wüstenvolkes und aus ihrem historischen Schicksal herleiten. Genau wie man die nordische Naturalwirtschaft, die in Europa der kapitalistischen Wirtschaftsweise voranging, aus unserem Klima, aus unserem Wald, aus unseren ganz anderen Lebensnotwendigkeiten, wo man nur in langer, zäher Bauernarbeit zu einem Ertrag kommt, herleiten kann und herleiten muß. Der Nomadencharakter der Juden hat natürlich nur für böswillige Ignoranten etwas Verächtliches an sich. Ich glaube, wir Nordländer haben sehr wenig Grund, gerade darauf besonders stolz zu sein, daß unsere Vorfahren mit Vorliebe auf der Bärenhaut herumlungerten und Meth tranken. Erfreulicherweise ist hierdurch nicht allzuviel an den Nachkommen unserer Rasse verdorben worden, und es ist nicht dazu gekommen, daß diese nur in Faulpelzen und Trinkern fortlebt, denn aus ihrem Blute sind immerhin noch eine Anzahl Gestalten hervorgegangen, deren sich die Menschheit nicht gerade zu schämen braucht: ein Rembrandt, ein Beethoven, ein Lessing, ein Kant, ein Schiller usw. Aber das sind auch nicht die Leute, die zwischen den Völkern und Rassen einen dicken Trennungsstrich zogen und anmaßend erklärten: Dort sind die Bösen, und hier, wo wir stehen, sind die Guten, sondern die vielmehr dem einzigen würdigen Lebensziel zustrebten: Alle Menschen, gleich geboren, sind ein adelig Geschlecht – ob Heide, Jude oder Christ.

Weil die Juden von Natur eine besondere Begabung für die Technik der Geldwirtschaft haben, darum waren auch sie es, die im Lauf der Zeit, nachdem durch ihren Zusammenstoß und durch ihre Koalition mit den abendländischen Völkern der Kapitalismus entstanden war, alle spezifischen Formen der Geldwirtschaft erfunden haben. Das kann man wohl sagen, und man kann es zumeist schon mit dem heute vorliegenden Material beweisen. Wo man es aber

Oben Abb. 28: Die Börse. Russische Karikatur von Solkolowski
Unten Abb. 29: Das Judenschwein am Regensburger Dom
Kapitellverzierung. Satirische Steinskulptur. 13. Jahrhundert

nicht direkt beweisen kann, daß die Juden die Erfinder gewesen sind, kann man zum mindesten nachweisen, daß ihnen ein Hauptanteil bei der Entwicklung der betreffenden Institution zukommt. Diese vom Kapitalismus untrennbaren spezifischen Formen der Geldwirtschaft sind: die Banknote, der Wechsel, die Aktie, die Obligation und die Börse.

Selbstverständlich kann man von allen diesen Formen der Geldwirtschaft nicht in dem Sinne als Erfindungen reden, wie man etwa bei einer Maschine von einer auf den Tag zu datierenden Erfindung reden kann. Alle diese Einrichtungen haben sich mehr oder weniger langsam als Notwendigkeiten heraus entwickelt. Und erst bei einem gewissen Grad der Vervollkommnung stellen sie sich dem historischen Beschauer als eine wichtige und neue Institution der Geldwirtschaft dar. Der erste, der z. B. jene Form der Schuldverschreibung anwendete, aus der später der Wechsel wurde, oder der eine Anweisung auf Geld gab, die sich allmählich zur Banknote formte, hat natürlich niemals daran gedacht, damit eine wichtige für das Geldwesen epochale Neuerung eingeführt zu haben. Darum sind auch bei keiner dieser verschiedenen Formen der Urheber und der Ursprungsort genau bekannt, sondern im besten Fall die Orte, wo von der betreffenden Institution am frühesten häufiger Gebrauch gemacht wurde. Die Anfänge verlieren sich sämtlich im Dunkel des Alltags. Der älteste bekannte Wechsel, der sich erhalten hat, stammt z. B. aus dem Jahre 1207 und aus Italien; er ist von dem Juden Simon Rubens ausgestellt. Es unterliegt jedoch gar keinem Zweifel, daß diese Form der Zahlungsverpflichtung um diese Zeit schon ziemlich lange in Gebrauch war und sich auch nicht bloß auf Italien beschränkte, sondern längst auch in anderen Ländern häufig angewendet wurde.

Aber gerade darum, weil es sich in diesen sämtlichen Institutionen um die Resultate langsamer Entwicklungen handelt und niemals um eine von Anfang an vollendete, auf den Tag zu datierende Erfindung, kann man den besonders großen Anteil der Juden an diesen sämtlichen Institutionen der Geldwirtschaft feststellen. Dem Inhaberpapier begegnen wir, wie man aus der Bibel erfährt, bereits bei den alten Juden in Palästina. Darum kann man in diesem Fall wohl sagen, daß es überhaupt jüdischen Ursprungs ist. Der früheste bekannte Wechsel stammt, wie vorhin gezeigt, von einem Juden, aber viel entscheidender dünkt mich der Umstand, daß der spätere Wechselhandel jahrhundertelang ausschließlich in den Händen der Juden war, und weiter der Umstand, daß die Orte, in denen früher der Wechselhandel kulminierte, wie z. B. Venedig und Amsterdam, die klassischen Judenstädte jener Jahrhunderte waren. Am wenigsten weiß man über die Entstehung der Banknote. Wahrscheinlich hat sie mehrere Geburtsorte, indem sie sich eben, was ja vielfach vorkommt, an mehreren Orten zu ähnlicher Zeit und ganz unabhängig voneinander als Entwicklungsnotwendigkeit ergeben hat. Die wahrscheinlichsten Geburtsorte sind Venedig und Holland im 16. Jahrhundert. Was freilich hinreichend viel beweisen würde, denn beides waren damals Judenzentralen. Um so mehr und um so genaueres weiß man über die Börse, das unentbehrliche Zentralkontor der Geldwirtschaft. Diese ist etwa im 16. Jahrhundert als Vereinigung der Wechselhändler entstanden. Sie war schon deshalb niemals und nirgends in anderen Händen als in denen der Juden. Wie sollte es auch anders sein? Für die Wertpapiere braucht man einen Markt; dieser Markt ist die Börse. Der Handel mit Wertpapieren ist aber dauernd, wie gesagt, überwiegend in den Händen der Juden gewesen, also können die Beherrscher des jeweiligen lokalen Geldmarktes eben auch nur die Juden sein. Die Dinge haben nun einmal ihre Logik, und in diesem Falle eine solche, die höchstens ein vernagelter Spießbürger nicht kapiert: Gevatter Schneider und Handschuhmacher hätten auf der Börse nichts zu tun. Wenn also eine tendenziöse Agitation von einer »verjudeten Börse« spricht, so ist dies ungefähr ebenso geistreich, wie wenn jemand über einen verbauerten Viehmarkt schimpfen würde, weil er dort mehr Bauern als z. B. Goldarbeitern oder Optikern begegnet.

Da ich hier keine Geschichte der Geldwirtschaft schreibe, sondern nur die Rolle der Juden beim Aufbau der kapitalistischen Wirtschaftsweise aufzuzeigen habe, so kommt für mich die funktionelle Bedeutung dieser verschiedenen Formen der entwickelten Geldwirtschaft natürlich gar nicht in Frage. Wohl aber ist es angebracht, noch auf den Hauptwesenszug dieser verschiedenen Institutionen der Geldwirtschaft hinzuweisen, um so mehr, als dieser ein durchaus gleichartiger ist. Dieser gemeinsame Wesenszug besteht in der durch sie erreichten vollständigen Versachlichung des Geldes und damit in der restlosen Loslösung von allem Persönlichen. Die letzte Beziehung zum speziellen Individuum und seiner Arbeit, als Wertschöpfung, ist damit gelöst. Der Besitztitel lebt hinfort sein Eigenleben, und die Börse z. B. ist nicht nur Markt, sondern Selbstzweck zugleich. Gerade durch diese intensivste Versachlichung des Geldes und Geldmarktes in den genannten Formen decken sich alle diese Formen der entwickelten Geldwirtschaft wiederum vollkommen mit dem oben beschriebenen spezifischen Wesenszug des jüdischen Geistes, nämlich mit dessen kategorischer Tendenz für das Abstrakte. Deshalb aber gibt es in diesem Punkt nur eine einzige Schlußfolgerung und diese lautet: es ist in besonderem Maße jüdischer Geist, der in sämtlichen Formen der kapitalistischen Geldwirtschaft sich auswirkt.

Wie das Geldwesen, d. h. in diesem Falle die direkte Geldwirtschaft, durch die Juden zu ganz spezifischen Formen inspiriert und entwickelt worden ist, so auch der Handel: der Handel auf der ganzen modernen Welt und der Handel mit der ganzen modernen Welt.

Die Juden belebten in ganz besonderer Weise den inneren und äußeren Markt. Die größten Warenumsätze dürften höchstwahrscheinlich immer durch die Juden erzielt worden sein. Das ergibt sich nämlich schon daraus, daß sie vom 16. bis zum 18. Jahrhundert alle Haupthandelsplätze der Welt fast ausschließlich beherrschten. Der gesamte Levantehandel war z. B. durch fast drei Jahrhunderte in ihren Händen, dieser aber bildete damals den wichtigsten Zweig des ganzen Welthandels. Berühmt sind vor allen anderen Kaufleuten der Welt die reichen holländischen Juden, die schon im 17. Jahrhundert ihre Schiffe auf allen Meeren schwimmen hatten. Es gibt außerdem auch positive Zahlen hierfür, und zwar aus dem England des 17. Jahrhunderts. Über die Beteiligung der Juden an der Leipziger Messe, die doch einst und lange der Mittelpunkt des ganzen deutschen Handels war, gibt es ebenfalls sehr beweiskräftiges Material zu diesem Punkt. Wer auch bis jetzt die Geschichte der Leipziger Messe studiert hat, kommt zu dem ungefähr gleichen Schluß, »daß die Juden es seien, die den Glanz der Leipziger Messe begründet haben«. In den Jahren 1810 bis 1820 stehen nach den amtlichen Zahlen den durchschnittlich 14366 christlichen Messelieferanten nicht weniger als 4896 jüdische gegenüber. In Wahrheit dürfte die Zahl der jüdischen Meßlieferanten jedoch noch viel größer gewesen sein, da wegen der Paßschwierigkeiten, denen die Juden ständig und überall unterworfen wurden, immer zahlreiche Juden sozusagen »illegal« die Messe besuchten. Der internationale Warenhandel, der Import wie der Export, wurde überhaupt erst durch die Juden eingeleitet und kraft ihrer internationalen Beziehungen jahrhundertelang fast ausschließlich von ihnen beherrscht. Zur Zeit der Zunahme des Fleischgenusses in Europa, im 16. Jahrhundert, wurden von ihnen zuerst die Gewürze – Pfeffer! – eingeführt. Auch die Luxuswaren wurden von den Juden zuerst eingeführt: Goldwaren, Edelsteine, Perlen und vor allem Seide und Seidenwaren. Den Handel mit Luxuswaren hatten die Juden lange Zeit sogar gänzlich monopolisiert. Ungleich schwerwiegender ist jedoch der Umstand, daß die Juden stets den überragenden Anteil an dem Handel mit Massenprodukten hatten, daß sie es waren, die diesen zuerst in umfangreicher Weise organisierten, also z. B. den Getreidehandel, den Handel mit Leder, Wolle, Flachs, Baumwolle, Zucker, Spiritus, Tabak, und später vor allem den mit Edelmetallen usw.

So bedeutsam alle diese Funktionen der Juden auf dem Gebiete des in- und ausländischen Handels sind, noch ungleich bedeutsamer ist jedoch ihr Anteil an der Begründung der Kolonialwirtschaft. Das war wirtschaftsgeschichtlich ihre bedeutsamste Tat neben ihrer großen Rolle in der Geldwirtschaft. Denn erst durch die Kolonialwirtschaft wurde der Kapitalismus lebens- und entwicklungsfähig, erst durch sie wurde er die Jahrhunderte lang die ganze Welt mit Riesenhänden umformende Wirtschaftsweise.

Man kann ohne Übertreibung behaupten, daß die Juden unbedingt die Schöpfer des modernen Kolonialwesens sind, das mit der Entdeckung Amerikas einsetzt. Es wird sogar neuerdings, und anscheinend auch mit gutem Recht, behauptet, daß die Vorfahren des Christof Columbus Juden gewesen seien. Wenn sich dies bewahrheiten sollte (von seiner Mutter scheint es schon heute absolut festzustehen, daß sie eine Jüdin gewesen ist), so wäre dies angesichts der Rolle, die die Juden hinfort in allen neuentdeckten Weltteilen spielen sollten, jedenfalls ein sehr guter Witz der Weltgeschichte. Immerhin ist die Antwort auf diese Frage nicht so wichtig wie die nicht zu bestreitende Tatsache, daß es Juden gewesen sind, die das Geld für die Ausrüstung und Reise des Columbus im Jahre 1492 aufgebracht und riskiert haben. Dieser Umstand allein erweist Amerika von vornherein als eine rein jüdische Gründung. Übrigens wurde auch die zweite Reise des Columbus mit Judengeld bezahlt; freilich ist es dieses Mal nicht freiwillig von den Juden gegeben worden, sondern es stammt aus den Summen, die von den unterdessen aus Spanien vertriebenen Juden dort zurückgelassen worden waren, und die Ferdinand von Aragonien eiligst eingesackt hatte, oder wie der höfische Ausdruck dafür lautet, »die er für den Staatsschatz hatte einziehen lassen«. Angesichts dieser jüdischen Herkunft des Geldes, mit dessen Hilfe Amerika entdeckt worden ist, ist es sehr wahrscheinlich, daß die Entdeckung Amerikas nicht auf das Konto der Spanier gekommen wäre, wenn die Juden ein Menschenalter früher, als dies geschah, aus Spanien ausgewiesen worden wären. Das Weltbild würde hierdurch wohl ein wesentlich anderes geworden sein. Gewiß wäre Amerika nicht unentdeckt geblieben: seine Entdeckung, d. h. die Auffindung von neuen Edelmetallquellen, war damals das oberste Bedürfnis der Zeit. Die europäischen Silbererzgruben versiegten um jene Zeit; jedenfalls vermochten sie mit den damaligen primitiven Fördermitteln nicht entfernt den Bedarf der gesteigerten Geldwirtschaft zu decken. Aber die Entdeckung und erste Exploitierung – richtig übersetzt: Ausräuberung – Amerikas durch ein anderes Land Europas hätte eben dieses in besonderem Maße weltbeherrschend gemacht; die Belebung des internationalen Warenhandels wäre von ihm ausgegangen, und dorthin wären zuerst die so sehr ersehnten Edelmetallströme geflossen. So knüpfte sich dies alles vorerst an Spanien.

Wie es eine nicht zu bestreitende Tatsache ist, daß des Columbus Entdeckerfahrten mit jüdischem Geld »gemanaged« worden sind, so ist es eine ebenso feststehende Tatsache, daß die ersten Menschenladungen, die in die Neue Welt verfrachtet wurden, zum größten Teil aus Juden bestanden. Schon auf seiner ersten Reise wurde Columbus von einer Anzahl Juden begleitet, und der erste Europäer, der den Boden der Neuen Welt überhaupt betrat, war der Jude Luis de Torres. Das steht aktenmäßig fest. Da genau in denselben Jahren die Juden aus Spanien und Portugal vertrieben wurden und diese Vertreibungen mehr als ein Jahrhundert anhielten, so strömten ununterbrochen immer neue Scharen von Juden, und zwar vor allem spanische und portugiesische Juden – die geistige Elite des internationalen Judentums –, durch die weitgeöffneten Tore der Neuen Welt. Man nimmt an, daß die Zahl der Juden, die sich dort eine neue

Heimat zu gründen gedachten, rund 25000 betrug. Hier in der Neuen Welt schien sich den Juden endlich das Kanaan aufzutun, nach dem sie so lange und so vergeblich in dem alten Europa gesucht hatten. Das Zusammentreffen der Ausweisung der Juden aus Spanien und Portugal mit der Entdeckung Amerikas ist äußerlich natürlich die Hauptursache, daß die Juden von vornherein eine so ausschlaggebende Rolle in der Kolonialwirtschaft gespielt haben. Denn so wurden sie die ersten und einflußreichsten wirtschaftlichen Ausbeuter der Neuen Welt. Die Juden wurden im wahren Sinne des Wortes ihre Erbauer. Sie sind es, die dadurch der Alten Welt eine neue Weltwirtschaft angegliedert haben.

In welchem großen Umfange die Juden es gewesen sind, die als erste von jenseits des großen Wassers den internationalen Warenhandel belebt haben, das zeigen uns schon einige wenige authentische Zahlen über die von den Juden in den verschiedenen amerikanischen Kolonien ins Leben gerufenen geschäftlichen Gründungen. Gleich nach der Entdeckung Amerikas, nämlich schon 1492, ließen sich portugiesische Juden in St. Thomas nieder, errichteten dort die Plantagenwirtschaft, begründeten die Zuckerindustrie und beschäftigten in kurzer Zeit über 3000 Negersklaven. Sechzig Jahre später, um 1550, gab es auf dieser Insel bereits sechzig Zuckerrohrplantagen, die jährlich rund 40-50000 Zentner Zucker produzierten. Alle diese sechzig Plantagen befanden sich in den Händen von Juden. Die Juden sind es auch gewesen, die die Zuckerindustrie nach Brasilien verpflanzten, das damit alsbald in seine erste Blüte trat. Mit Juden und Verbrechern wurde dieses ganze Land aufgebaut. Zwei Schiffsladungen von Juden und Verbrechern gingen jährlich aus Portugal nach Brasilien. Selbstverständlich wurden nicht die Verbrecher, sondern die Juden sehr bald die Herren der gesamten Situation. Zur höchsten Blüte gelangte die brasilianische Kolonie aber erst, als sie um 1624 in den Besitz der Holländer überging; denn nun wurden die reichen und besonders geschickten holländischen Juden, die in großer Masse hinüberströmten, tonangebend. In kurzer Zeit siedelten sich nicht weniger als 600 reiche holländische Juden in Brasilien an. Bis tief in das 18. Jahrhundert hinein beherrschten hier die Juden die gesamte Plantagenwirtschaft. Der Handel stockte einmal sofort, als im Anfang des 18. Jahrhunderts mehrere der angesehenen Juden in Rio de Janeiro in die Mörderkrallen der Inquisition fielen; es brauchte geraume Zeit, bis sich die Kolonie von dieser sogenannten Judenreinigung wieder erholt hatte. Außer dem Zuckerrohrbau monopolisierten die Juden in Brasilien auch sehr bald den dortigen Edelsteinhandel.

Durch die christkatholische Inquisition, die mit heiligmäßigem Augenaufschlag besonders gern die reichen Juden vertrieb oder abwürgte, weil sie dadurch »herrenlos gewordenes Judengut« einsacken konnte, wurden die Juden mannigfach zur Auswanderung gezwungen. So z. B. in besonders großem Umfange im Jahre 1654. Zahlreiche brasilianische Juden wandten sich damals infolge der angeordneten Vertreibung nach dem westindischen Archipel. Sofort verrückte sich aber auch das wirtschaftliche Schwergewicht dorthin. Die Insel Barbados, wo zwar schon längere Zeit zahlreiche Juden wohnten, wurde durch die Einwanderung der brasilianischen Juden ein reines Judenterritorium. Der Zuckerexport, der bis dahin noch gering war, stieg in kurzer Zeit so gewaltig, daß im Jahre 1676 bereits jährlich 400 Schiffe mit je 180 Tonnen Rohzucker nach England verfrachtet werden konnten. Die aus denselben Ursachen verstärkte Einwanderung der Juden auf Jamaika führte zu demselben Ergebnis. 1656 gab es dort erst drei Zuckersiedereien, 1670 bereits deren 75, von denen manche 2000 Zentner Zucker im Jahre erzeugten. Die englische Regierung machte mit ihren Juden auf Jamaika so gute Geschäfte, daß sie auf eine Eingabe der christlichen Konkurrenz um Ausschließung der Juden vom Handel durch den Gouverneur kaltlächelnd antworten ließ, sie denke nicht daran, denn sie habe keine angenehmeren Untertanen als die Juden; wörtlich: »not have more profitable subjects than the jews«. In Surinam bestand die Bevölkerung am Ende des 17. Jahrhunderts zum dritten Teil aus Juden, und von 344 Plantagen waren 115 in den Händen der Juden. Ähnlich waren die Verhältnisse in den französischen Kolonien Martinique, Guadeloupe und San Domingo. Überall war die Zuckerindustrie die Quelle des Reichtums, und überall war diese von den Juden eingeführt oder zur Blüte gebracht worden.

Um diese Rolle der Juden im Zuckerhandel richtig zu bewerten, muß man sich vergegenwärtigen, daß der Zucker neben der Edelmetallproduktion damals das Rückgrat der Kolonialwirtschaft bildete, und daß mit ihm überhaupt der moderne Kapitalismus in Europa aufgebaut wurde; es war ein süßer und sehr solider Baustoff. In einem Bericht des Pariser Handelsrates vom Jahre 1701 liest man: »Frankreichs Schiffahrt verdankt ihren glänzendsten Handel seinen Zuckerinseln und kann nur durch diesen erhalten und erweitert werden.« Das heißt mit anderen Worten: Frankreichs Schiffahrt verdankt ihre lohnende Existenz den Juden und dem Judenkommerz.

Wenn sich bei der Entstehung der Vereinigten Staaten von Nordamerika auf den ersten Blick kein so überragender Einfluß der Juden feststellen läßt, wie dies bei Mittel- und Südamerika der Fall ist, so gilt dies eben nur für den ersten Blick, nur für eine oberflächliche Betrachtung. Sowie man den Dingen auf den Grund geht, ändert sich das Bild durchaus, es ergibt sich ebenfalls, daß die Juden auch für den Aufbau der Vereinigten Staaten Nordamerikas eine überragende Bedeutung gehabt haben. Nur liegen die Dinge hier komplizierter, jedoch letzten Endes so, daß tatsächlich und gerade »das, was wir Amerikanismus nennen, zu einem sehr großen Teil nichts anderes als geronnener Judengeist ist«. Werner Sombart beweist dies sehr ausführlich und sehr überzeugend in seinem Kapitel über »Die Begründung der modernen Kolonialwirtschaft«. Leider fehlt mir der Raum, um diese Begründung hier resümierend wiederholen zu können, da sie nicht anders als etwas umständlich sein kann. Ich muß

Abb. 30: Wilhelm Busch. Aus »Plisch und Plum«

mich also darauf beschränken, den Leser auf die Sombartsche Untersuchung zu verweisen, und kann hier nur den Kernpunkt hervorheben. Dieser besteht darin, daß die amerikanische Kolonistenbevölkerung, durch die Amerika besiedelt wurde, von Anfang an sehr stark mit jüdischen Elementen durchsetzt war, und zwar in einer so eigenartigen Weise, daß diese Kolonisten durch die sie nach dem Westen begleitenden Juden von Anfang an mit der (wohlgemerkt jüdischen!) Geld- und Kreditwirtschaft der Alten Welt in Fühlung kamen und stets in Fühlung blieben. »Das ganze Produktionsverhältnis baute sich daher von vornherein auf einer modernen Basis auf. Das städtische Wesen drang gleich in die entlegenen Dörfer siegreich vor.« Und dieses städtische Wesen war eben immer jüdisches Wesen.

Aber es kommen noch eine ganze Reihe anderer Gesichtspunkte in Betracht, die den starken Anteil der Juden an der Entwicklung der Vereinigten Staaten belegen. Wie groß der quantitative Anteil der Juden am Aufbau der späteren Vereinigten Staaten war, verrät schon eine einzige Andeutung. Von den durch die Inquisition aus Brasilien vertriebenen Juden kamen in der Mitte des 17. Jahrhunderts mehrere Schiffsladungen von Juden, man rechnet 2-300 Köpfe, nach Neu-Amsterdam (das heutige New York), um sich dort unter englischem Schutz anzusiedeln. Die gesamte Einwohnerschaft von Neu-Amsterdam betrug damals noch nicht 1000 Köpfe! Die Vereinigten Staaten sind aber nicht nur im Anfang, sondern dauernd ein besonders beliebtes Auswanderungsziel der Juden gewesen; im 19. Jahrhundert vor allem der deutschen und der polnischen Juden. In gewissen Landesteilen gab es zuzeiten kaum eine einzige jüdische Familie, die nicht einen Sohn in Amerika hatte, und immer war es natürlich der potenteste der Familie, welcher dahin ausgewandert war. Besonders einschneidend und schwerwiegend war der weitausgedehnte Handelsverkehr der Juden für Amerika durch die damalige Abhängigkeit Amerikas vom europäischen Mutterlande. In seiner ursprünglichen Form als englische Kolonie durfte Nordamerika seine Bedarfsartikel nur im Mutterlande kaufen; das war ein Zwang, den ihm England auferlegt hatte. Die unausbleibliche Folge dieses Zwanges wäre gewesen, daß diese englischen Kolonien eines Tages ausgepumpt gewesen wären; zum mindesten hätten sie niemals zu einer größeren Blüte gelangen können. Denn ihre Handels- und damit ihre Zahlungsbilanz wäre durch diesen Kaufzwang in England immer passiv geblieben – sofern nicht die Juden gewesen wären. Durch den sogenannten »Judenkommerz«, den die aus Brasilien nach Nordamerika eingewanderten Juden dank ihren Beziehungen mit Brasilien und Westindien unterhielten, floß von dort, den Edelmetalländern, ständig bares Geld in den nordamerikanischen Handel. Denn dieser Handelsverkehr mit Brasilien und Westindien war naturgemäß stets aktiv; und die Waren, welche einströmten, bestanden eben in der Hauptsache in dem Edelmetall, dessen man zur Bezahlung der aufgezwungenen Käufe im Mutterlande bedurfte. Diese durch die ursprünglich portugiesischen Juden mit Brasilien angesponnenen und gepflegten Handelsbeziehungen dürfen in ihrer Bedeutung für die Existenz Nordamerikas nicht unterschätzt werden. Das gleiche gilt für die Rolle der Juden im Unabhängigkeitskampf der nordamerikanischen Staaten. Dieser und die schließliche Unabhängigkeitserklärung von den früheren Mutterländern wären ohne die jüdischen Heereslieferungen und vor allem ohne die allein von den Juden aufgebrachten Anleihen niemals möglich gewesen. Eine weitere gewaltige Einflußsphäre der Juden bestand in deren Beherrschung der wichtigsten Handelszweige Nordamerikas. Diese waren von jeher der Getreidehandel, der Tabakhandel und der Baumwollhandel. Darauf baute sich früher fast die gesamte nordamerikanische Volkswirtschaft auf. Und alle diese Handelszweige waren lange Zeit von den Juden geradezu monopolisiert.

Die Reihe der jüdischen Einflußsphären beim Aufbau Nordamerikas ist aber auch damit noch nicht geschlossen, dies sind nur die bezeichnendsten aus früherer Zeit, von den großen Macht- und Einflußsphären der Gegenwart will ich ganz absehen. Es rechtfertigte sich also vollkommen, daß der Exgouverneur Grover Cleveland im Jahre 1905, als man den 250. Jahrestag der Einwanderung der Juden in die Vereinigten Staaten feierte, in einem Begrüßungsschreiben an das Festkomitee sagte: »Wenige, wenn überhaupt eine, von den das amerikanische Volk bildenden Nationalitäten haben direkt oder indirekt mehr Einfluß auf die Ausbildung des modernen Amerikanismus ausgeübt als die jüdische.«

Ich möchte das, was ich weiter oben sagte: daß es in erster Linie die Juden gewesen sind, die der Alten Welt eine Neue Welt wirtschaftlich angegliedert haben – dies möchte ich an dieser Stelle noch drastischer formulieren und sagen: Die Entdeckung Amerikas und seine Angliederung an den Welthandel sind nichts mehr und nichts weniger als ein einziges großes jüdisches Geschäft.

Ist der Anteil der Juden beim volkswirtschaftlichen Aufbau Amerikas nachweisbar als der absolut entscheidende anzusehen, so ist er bei den anderen kolonialwirtschaftlichen Gebieten der Welt zwar nicht immer ebenso hoch, aber wahrscheinlich bei keinem einzigen Kolonialgebiete gering anzuschlagen. In Ostindien waren schon seit dem Mittelalter sehr viel Juden ansässig. Als dann die Austreibung aus der Pyrenäenhalbinsel am Ende des 15. Jahrhunderts einsetzte, brachte jedes holländische und portugiesische Schiff neue Scharen von Juden nach Ostindien. Bei allen Neugründungen, die die Holländer in Ostindien vornehmen, sind die Juden stark beteiligt. An der Spitze der bekannten ostindischen Kompanie, also an der Spitze der holländisch-indischen Besitzungen standen mehrfach jüdische Direktoren. Der holländische Gouverneur, der am meisten zur Befestigung der niederländischen Macht auf Java beigetragen hat, war der Jude Coen (Cohn).

Über den Anteil der Juden an der Begründung der englischen Kolonien in Südafrika und Australien weiß man ziemlich viel, und aus alledem, was man weiß, ergibt sich, daß auch hier die Juden ausschlaggebend gewirkt haben. Die wirtschaftliche Entwicklung der Kapkolonie kommt z. B. ausschließlich auf das Konto der Juden: »Julius, Adolf, James Mosenthal begründen den Woll- und Häutehandel und die Mohärindustrie; Aaron und Daniel de Paß monopolisieren den Walfischfang; Joel Myers begründet die Straußenzucht, Lilienfeld von Hopetown kauft die ersten Diamanten usw. usw.«

Von den übrigen südafrikanischen Staaten, namentlich von Transvaal, wird ähnliches berichtet. In Australien trat, als die ersten Großhändler, die bekannte Familie der Montefiori auf. Es gibt wohl überhaupt keine einzige koloniale Gründung, bei der die Juden ihre Hände nicht im Spiel gehabt hätten und ihr Portemonnaie nicht stark engagiert gewesen wäre.

Was das alles in allem bedeutet, vermag man erst dann voll zu ermessen, wenn man sich immer und immer wieder vor Augen hält, was ich oben schon andeutete, daß erst durch die koloniale Expansion der moderne Kapitalismus überhaupt zur Blüte gelangt ist. Und zwar deshalb, weil eben die Heranschaffung von Edelmetallen und das ständige Hereinströmen von Bargeld nach Europa die erste Voraussetzung für die dauernde Entfaltungsmöglichkeit der modernen kapitalistischen Volkswirtschaft waren. Nicht mit Eisen – mit Gold und Silber mußte der Weg der Entwicklung gepflastert sein, wenn der Kapitalismus auf ihm gehen und mit immer größeren Riesenschritten vorwärts eilen sollte.

Mit alledem ist aber die revolutionäre und schöpferische Rolle der Juden beim Aufbau der kapitalistischen Wirtschaftsweise nicht erschöpft.

Die kapitalistische Expansion setzte eine gründliche Umformung der auf dem Handwerk und auf der primitiven Form des Warenaustausches basierenden Produktions- und Konsumptionsweise voraus. Ein ganz anderer Geist und eine ganz andere Gesinnung, als sie im Zeitalter der Zünfte und Gilden herrschten, mußten beim Geschäftemachen einziehen. Und auch diese grundstürzende Umformung des Einzel- und des Gesamtgeschäftsgeistes wurde durch die Juden herbeigeführt.

Das ist ebenfalls ein sehr wichtiges, aber auch ein sehr langes Kapitel, denn es umfaßt nicht weniger als die gesamten Methoden des heutigen kapitalistischen Geschäftstriebes. Ich muß mich hier natürlich mit dem bloßen Hinweis auf die wichtigsten Gesichtspunkte und Geschäftsformen begnügen, die durch die Juden neu in die Volkswirtschaft eingeführt wurden.

Die Juden schufen als erstes das Recht auf Konkurrenz. Das Recht auf Konkurrenz bedeutet, seine Waren jedermann anbieten zu können und sie obendrein billiger anzubieten, als dies der Kaufmann um die Ecke oder der in der anderen Stadt tut. Dieses Recht auf Konkurrenz war ein Begriff, den man früher einfach nicht kannte. Nach den früheren Anschauungen hatte sozusagen jedermann ein bestimmtes Recht auf Leben, das ihm von keinem Nebenbuhler beschnitten werden sollte und durfte. Das bedeutete für den Geschäftsmann das Recht auf einen gewissen Kundenkreis, in den kein anderer eindringen durfte, und außerdem das Recht auf einen bestimmten Preis für seine Waren. Dieser Preis sollte ihm die Möglichkeit bieten, ein Leben auf einer seinem Stande entsprechenden Höhe zu führen. Also galt eine Preisunterbietung durch einen Kollegen desselben Gewerbes als unzulässig; wer solches getan hätte, wäre aus der betreffenden Zunft ausgeschlossen worden. Darum wagten solches auch nur die sogenannten »Bönhasen«; so nannte man jene, die freiwillig oder gezwungen außerhalb der zünftlerisch festgegliederten Ordnung standen. Gegen diese im sogenannten »ehrlichen Handel« üblichen Regeln liefen die Juden auf der ganzen Linie Sturm. Das heißt: sie waren immer und überall die Bönhasen. Und zwar schon gezwungenermaßen. Die Innungssatzungen zwangen die Zunftmitglieder, auf das Kreuz zu schwören. Das schloß die Juden von vornherein ohne weiteres aus allen Zünften und Gilden aus. Die Gesetze der Festgegliederten galten infolgedessen nicht für sie. Weil die Juden also nicht an die strengen Zunftregeln gebunden waren, die jeden Schritt des Zunftgenossen bestimmten, so konnten sie schon aus diesem Grunde auf allen Gebieten neue Methoden einführen, wenn ihnen diese lukrativer erschienen. Und das taten sie denn auch ohne jede sentimentale Rücksicht auf ihre christlichen und ihre jüdischen Nebenmenschen, denn diese Rolle entsprach außerdem ihrer spezifischen Geistigkeit, ihrer im Blute liegenden Beweglichkeit und ihrem rein abstrakten Verhältnis zu den Dingen, mit denen sie Geschäfte machten. Da dieses Verhältnis sich stets in Geld ausdrückte, so war ihre innere Beziehung zu den Dingen nicht größer, ob es zu dem erstrebten Geldresultat nun auf dem Wege über den Knochenhandel kam oder auf dem über den Edelsteinhandel. (Das aber ist das Grundproblem des Kapitalismus: alle Dinge, die erhabensten wie die niedrigsten, sind in ihm auf ihren Geldcharakter reduziert.) Also stand das vorteilhafte Geldresultat obenan, und damit verschwand dann ganz von selbst die Rücksicht auf den Kreis jener, die zufällig mit denselben Waren nach ihrem Lebensunterhalt strebten. Das aber bedeutete in der Praxis die Ausübung des Rechtes auf Konkurrenz.

In den zahlreichen Beschwerden, die in früheren Jahrhunderten von den Handwerker- und Kaufmannsgilden gegen den »Judenkommerz« erhoben wurden, wie man diesen mit den Mitteln der Konkurrenz arbeitenden jüdischen Geschäftsbetrieb nannte, wird häufig erwähnt, daß es nicht mit rechten Dingen zugehen könne, wenn die Juden diese oder jene Ware billiger lieferten als der reelle Handwerker und Kaufmann, den sie dadurch ruinierten oder zum mindesten »in seinem berechtigten Lebensunterhalt herabsetzten«. Es ging jedoch beim Judenkommerz durchaus mit rechten Dingen zu. Die mannigfachen Behauptungen, denen man bis in unsere Gegenwart herein begegnet, das billigere Liefern der Juden sei immer auf irgendwelche betrügerische Manipu-

Abb. 31: Paul Singer, sozialdemokratischer Führer und Reichstagsabgeordneter
Deutsche Karikatur von P. Brandt: »Kladderadatsch«. 1903

lationen zurückzuführen, der Jude führe unter demselben Namen eine schlechtere Ware, er mogle mit dem Maß und Gewicht usw. – diese Unterschiebungen sind nicht stichhaltig; sie lösen das Problem nicht, wenn auch die erhobenen Vorwürfe gewiß hin und wieder berechtigt waren. Der Judenkommerz ist in seinem Wesen nicht betrügerischer als der sogenannte ehrliche Handel. Aber die Juden führten zwei ganz neue Prinzipien in den Handel ein. Das ist der Kern der Sache und des Rätsels Lösung. Diese beiden neuen Elemente sind: die Einführung der Surrogate (Ersatzstoffe) und die Einführung des Geschäftsgrundsatzes: Rascher Umsatz bei geringem Verdienst. Das waren zwei epochale Neuerungen von gewaltigster, die Technik wie den Umsatz umwälzender Bedeutung. Die Baumwolle ist z. B. ein Surrogat für die Wolle und auch für die Seide. Dadurch wurden die betreffenden Produkte billiger und gewiß auch weniger edel, als sie es waren, solange sie nur mit reiner Wolle und mit reiner Seide hergestellt worden waren. Aber die betreffenden Produkte wurden dadurch nicht immer schlechter, sondern mitunter sogar haltbarer, und die mit der rascheren Zunahme der Bevölkerung wachsenden Massenbedürfnisse, für die es anders keine Lösung gegeben hätte, konnten gerade dadurch in einer Weise befriedigt werden. Ähnliches gilt für den raschen Umsatz bei geringem Gewinn. Der Jude sagte: Besser ist es, das Geld im Jahr fünfmal mit je sechs Prozent Gewinn umzuschlagen, als bloß zweimal mit je zehn Prozent. Auch dieses ist die Voraussetzung für eine gesteigerte Produktionsweise, die bei Strafe des Stillstandes oder des Unterganges dem Wechsel der Konjunkturen folgen will und folgen muß. Und je mehr die Produktionsweise sich steigert, um so rascher wird der Wechsel der Konjunkturen. Wer ihnen nicht zu folgen vermag, wird automatisch aus dem Produktionsprozeß ausgeschaltet. Das sind heute Selbstverständlichkeiten für den christlichen wie für den jüdischen Kaufmann; ehedem waren es verpönte jüdische Bönhasenmanieren.

Die Juden sind weiter die Väter der Geschäftsanzeige und der Reklame in ihren verschiedenen Formen. Denn diese wurden aus dem von den Juden sich angemaßten Recht auf Konkurrenz ganz von selbst geboren. Wer anderen den Rang ablaufen will, mehr Waren als der andere absetzen will und vor allem rascher, der muß natürlich in irgendwelcher Form an die Kunden herantreten: persönlich, durch Vertreter, Agenten, Mittelsmänner, Geschäftsreisende, schriftlich durch gedruckte Anzeigen usw. Er muß auf diese Weise die Kunden darauf aufmerksam machen, was man alles bei ihm haben kann, und daß man es besser und billiger bei ihm haben kann als woanders; er muß mit einem Wort das Publikum anreißen. Das war gemäß den oben dargelegten Gründen ein in der zünftig geordneten Produktionsweise selbstverständlich gänzlich unbekanntes und auch verpöntes Verfahren; der Kaufmann alten Schlages wartete ruhig auf seine Kunden, bis sie zu ihm kamen, und er bot ihnen nur das an, was sie verlangten. Es handelt sich in der Tat in allen diesen neuen

Anreißermethoden beim Geschäftemachen um ursprünglich und ausnahmslos jüdische Manieren. Das System der Geschäftsreisenden wurde zuerst von den Juden aufgebracht, und die ersten Geschäftsanzeigen, denen man im 18. Jahrhundert in den Zeitungen begegnet, stammen fast immer von Juden.

Zur Reklame gehören auch das Schaufenster und die Schaufensterdekoration. Diese verlockende Zurschaustellung der Waren kannte man in den Frühzeiten des Handels ebenfalls nicht; es sind auch dies nachweisbar jüdische Errungenschaften. Selbstverständlich handelte es sich auch dabei nirgends um eine auf den Tag zu datierende Einrichtung, sondern immer nur um langsame Wachstumsprozesse zunehmender Zeitbedürfnisse.

Aus dem Recht auf Konkurrenz erwachsen alle Formen des Unterbietens. Eine dieser Formen ist das Abzahlungsgeschäft. Dadurch, daß man es dem Interessenten ermöglicht, größere Anschaffungen mit Hilfe selbst der allerkleinsten Abzahlungen zu machen, lockt man den Kauflustigen von jenen Geschäftsleuten weg, die nicht die nötigen Barmittel haben, um einem oder gar allen Käufern lange Kredite einzuräumen. Das Aufkommen der Abzahlungsgeschäfte hat sehr viel kleine Geschäfte geschädigt, aber diese Geschäftsmethode stellt doch einen unentbehrlichen Fortschritt dar. Sie war im Zeitalter der Massenproletarisierung ein kategorisches Bedürfnis. Die Idee der Abzahlungsgeschäfte stammt ebenfalls von den Juden, und alle Abzahlungsgeschäfte sind von jeher in den Händen von Juden.

Schließlich sind es auch die Juden gewesen, die den spezifischsten Typ des modernen Detailhandels geschaffen haben: Das Gemischtwarengeschäft großen Stils, das moderne Kaufhaus und das Warenhaus. Diese klassischen Typen des heutigen Detailhandels lassen ganz unzweideutig ihren jüdischen Ursprung erkennen. Es ist das Gewölbe des auf Pfänder leihenden Juden. Weil der Geldbedürftige beim Juden alles verpfändete, Kleider, Waffen, Schmucksachen, Haushaltungsgegenstände, fertige und unfertige Waren, Werkzeuge, Nahrungsmittel usw., und weil dauernd zahllose Pfänder niemals vom Entleiher wieder eingelöst wurden, so verfielen sie eben dem Juden. Weil der Jude für alles Verwendung hatte oder Verwendung finden konnte, wanderte auch alle Diebesbeute und alle Beute der Soldaten zumeist in die Gewölbe der Juden. Und sie trieben mit alledem Handel. Das ist die Urform des Warenhauses. Es ist gewiß ein weiter Weg bis herauf zu den modernen Kauf- und Warenhäusern der Wertheim, Tietz, Jandorf usw., die alle wahre Wunderwerke kaufmännischen Organisationsgenies sind, aber es ist ein ganz gerader Weg ...

Das ist ein Teil der wichtigsten neuen Formen des kapitalistischen Handelsbetriebes, die von den Juden erfunden worden sind. Man kann gewiß sagen: alle diese neuen Formen waren bei einem bestimmten Grad der allgemeinen Entwicklung neue Bedürfnisse geworden, denen unbedingt Rechnung getragen werden mußte. Aber dann waren es eben die Juden, von denen diese neuen

Bedürfnisse am frühesten erkannt wurden. Und damit kommt man wieder zum gleichen Ergebnis.

Daß die Juden im Kleinsten wie im Größten das Bedürfnis einer Zeit häufig am frühesten klar erkannt haben, das eben macht ihre bestimmende Rolle beim Aufbau der kapitalistischen Wirtschaftsweise aus. Und darum will ich alle diese Darlegungen mit dem Hinweis auf die allerwichtigste, von den Juden am frühesten erkannte und auch erfüllte Zeitnotwendigkeit schließen: Die Juden waren es, die in der klaren Erkenntnis der Notwendigkeit eines gesteigerten Verkehrs die ersten und die meisten europäischen Bahnen gebaut haben. Die Rothschilds waren die ersten Eisenbahnkönige der Welt; die amerikanischen Eisenbahnkönige, die übrigens in der Mehrzahl auch Juden waren, kamen erst nach ihnen. Die Rothschilds haben in den 40er und 50er Jahren die französische Nordbahn erbaut, die österreichische Nordbahn, die italienisch-österreichischen Bahnen und verschiedene andere. Diese Gründertätigkeit auf dem Gebiete des Eisenbahnbaues ist neben der Entdeckung und der Gründung Amerikas ohne Zweifel die epochalste wirtschaftspolitische Tat der Weltgeschichte. Und beides sind rein jüdische Gründungen.

IV Der Anteil der Juden an der europäischen Kultur

Ich komme jetzt zur Zusammenfassung alles dessen, was ich bis jetzt dargelegt habe, und damit zur präzisen Antwort auf die Frage nach dem Anteil der Juden an der europäischen Kultur, von der ich bereits sagte, daß man von ihr ausgehen müsse.

Mit den vorstehenden Ausführungen ist in großen Zügen die von mir aufgestellte Behauptung über den ungeheuren Anteil der Juden an dem Aufbau der kapitalistischen Wirtschaftsweise wohl ausreichend belegt. Dieser Anteil ist, wie man sieht, vom ersten Tage an ununterbrochen inspirativ gewesen und dauernd neu organisierend. Der Anteil der Juden an der kapitalistischen Wirtschaftsweise könnte nicht größer gewesen sein, und ich wage wiederholt zu sagen, womit ich diesen Abschnitt einleitete: ohne Juden gäbe es keinen Kapitalismus.

Selbstverständlich ist durch diese Beweisführung auch zugleich die Frage über den Anteil der Juden an unserer europäischen Kultur nicht bloß in einer allgemeinen Form, sondern ganz präzis beantwortet. Weil die Juden in ausschlaggebender Weise die Miturheber und Mitverantwortlichen für unsere gesamte kapitalistische Wirtschaftsweise sind, darum sind sie dies in gleichem Umfange auch gegenüber der gesamten europäischen Kultur. Auch hier sind sie nicht nur für diesen oder jenen Teil mitverantwortlich, sondern für das Ganze. Sie haben die europäische Kultur in jedem Sinne und in allen ihren Ausstrahlungen beeinflußt. Man kann gerade hier am allerwenigsten scheiden und etwa sagen: dieser (schlechte) Teil kommt auf das Konto der Juden, und jener (gute) Teil kommt auf das Konto der Christen. Natürlich kann man auch nicht das Umgekehrte sagen. Die europäische Kultur ist ein unteilbares Ganzes, aus dem sich nicht willkürlich irgendein Stück loslösen läßt. Sie ist in ihrer Gesamtheit kapitalistisch, weil sie in ihrer Basis kapitalistisch ist. Jede einzelne, die geringste wie die größte ihrer Erscheinungen, ist aus dem Wesen des kapitalistischen Interesses geboren und von ihm geformt. Darum also sind die Juden, gemeinsam mit den Christen, auch für alles verantwortlich, für das Böse und für das Gute der kapitalistischen Kultur, sofern man diese Charakterisierung anwenden will. Das muß man als Antwort geben, wann und wo der übliche Vorwurf der verhetzten Gedankenlosigkeit erhoben wird, die Juden seien nur Schädlinge an unserer Kultur.

Man kann nur dann ein Verdammungsurteil über die Juden im allgemeinen fällen, wenn man den Mut aufbrächte, zugleich die gesamte kapitalistische Wirtschaftsweise zu verwerfen, d. h. wenn man erklären würde: die europäische Menschheit wäre glücklicher geworden, wenn die Juden uns Nordländern niemals begegnet wären, und wenn die europäische Kultur dadurch vom Kapitalismus überhaupt verschont geblieben wäre. So kann man gewiß folgern (ob mit Recht, ist natürlich eine andere Frage), und man kann auch durch tausend tragische Beispiele nachweisen – angefangen von der Syphilis als dem allerersten Geschenk der Neuen Welt an Europa bis herauf zum Weltkrieg –, daß alles dies dann nicht über uns gekommen wäre, und daß die Herrlichkeiten der bürgerlichen Kultur damit jedenfalls sehr teuer bezahlt seien, daß sich dieses Assoziationsgeschäft zwischen Jude und Christ für die Menschheit letzten Endes doch nicht gelohnt habe. Einen solchen Standpunkt kann man einnehmen. Aber eine solche Geschichtsphilosophie ist höchst unfruchtbar, denn damit wird die Geschichte nicht erklärt, sondern nur bedauert. Da aber ersteres meine Aufgabe ist, weil man nicht mit der Geschichte rechten kann, darum muß man ihren hinter uns liegenden Verlauf als eine nicht abzuwendend gewesene Zwangsläufigkeit hinnehmen. Hätt' der Bub das Mädel nicht geküßt... hätt' der Herrgott das Mädel nicht erschaffen... usw., dann wäre die Wiege freilich leer geblieben. »Sie haben« aber nun einmal, der liebe Herrgott und der Bub.

Aus derselben Logik heraus müssen wir uns damit abfinden, daß die europäische Geschichte seit 6-800 Jahren nicht nur hin und wieder mit dem jüdischen Kalb gepflügt hat, sondern daß sie in der ganzen Zeit niemals ohne dieses gepflügt hat. Und solches hatte seine selbstverständlichen Konsequenzen. Diese lauten: die Juden haben unter allen Völkern der Erde die umwälzendste Rolle gespielt. Ihre Rolle ist gleich der des Geldes, dessen umfangreichste Beherrscher sie von jeher sind. Sie haben damit dem modernen Antlitz der Welt, dem Gesicht, das diese seit dem Ausgang des Mittelalters trägt, einen Teil seiner wesentlichsten Züge verliehen; sie sind durch ihren Zusammenprall mit dem Abendland zu Menschheitsbildnern gewaltigsten Stiles geworden.

Selbstverständlich ist mit dieser Einsicht in die weltgeschichtliche Rolle des Judentums noch lange nicht jeder jüdische Schnorrer und jeder Schacherjude zur welthistorischen Erscheinung gestempelt. Ebensowenig ist damit abgeleugnet, daß es zu allen Zeiten viele Tausende von Juden gab, die alles andere, nur keine reinen Engel des Lichtes waren. Aber die Geschichte beweist auch, daß sie dies gar nicht sein konnten, weil der ewige Paria der Gesellschaft auch alle Laster des Paria mit sich herumschleppt. Wenn die Juden also, genau wie die Christen, höchstens in einzelnen Exemplaren welthistorische Erscheinungen waren, in ihrer Masse dagegen eher alles andere, so erfüllten sie in ihrer Masse trotz alledem und nichtsdestoweniger ein weit auswirkendes welthistorisches Gesetz.

Angesichts dieser Tatsache, die nun einmal nicht bezweifelt werden kann, ist es schließlich ganz müßig, die Frage nach der schöpferischen Potenz der Juden aufzuwerfen, der man immer wieder in der Form des Einwandes begegnet, die Juden seien nur kritizistisch, nur negierend veranlagt und womit die sich objektiv Nennenden ebenfalls die angebliche Minderwertigkeit der Juden gegenüber den Christen beweisen wollen. Dieser Einwand beruht auf dem groben Irrtum, als gäbe es nur eine einzige Form, nämlich unsere abendländische, in der sich schöpferische Potenz zu manifestieren vermöge. Hier handelt es sich um kein Problem, das bloß auf Ja und Nein gestellt ist, sondern um das Problem der verschiedenen Erscheinungsformen der Potenz. Die Juden sind ebenfalls schöpferisch, aber es ist zweifellos, daß sie dies in einer ganz anderen Weise sind als wir Nordländer. Sie sind schöpferisch aus dem Intellekt und nicht so sehr aus der Anschauung. An der Kunst ist dies am deutlichsten zu demonstrieren. Ein Wilhelm Leibl wäre aus der jüdischen Psyche nicht zu erklären, andererseits ist es unbestreitbar, daß ein Liebermann mehr mit dem Verstand als mit den Augen malt. Das Verstandesmäßige ist aber auch in der Kunst nicht ohne weiteres ein Qualitäts-, sondern in erster Linie ein Wesensmerkmal. Wenn etwas die schöpferische Potenz der Juden erweist, so ist es eben gerade ihr Anteil am Aufbau der kapitalistischen Wirtschaftsweise. Diese Gesamtleistung des Judentums ist ein viel zwingenderer, weil geradezu gigantischer Beweis für die jüdische Schöpferkraft, als der Nachweis, daß der oder jener Jude, ein Baruch Spinoza, ein Heinrich Heine, ein Karl Marx, ein Max Liebermann, ein Albert Einstein usw., neue und große Werte in den kulturellen Besitzstand der Menschheit eingefügt hat. Und auch dieser Nachweis wäre fürwahr nicht allzu schwer zu führen. Solches aber bedeutet schöpferisch sein. Und wenn es einer ist, so ist es auch die ganze Rasse.

V
Warum sind die Juden von aller Welt gehaßt?

Ich habe mich bei meinen seitherigen Ausführungen mit Absicht auf die rein wirtschaftliche Rolle der Juden im Werdeprozeß unserer modernen Wirtschaftsweise beschränkt. Um diese Rolle möglichst klar zur Erscheinung zu bringen, habe ich von allen anderen sich aufdrängenden Schlußfolgerungen abgesehen und solche nur erwähnt, wenn das wirtschaftliche Problem dadurch erklärt wurde. Ich wollte mir diese anderen Schlußfolgerungen, diese zweite Seite der Sache, für diesen besonderen Abschnitt aufsparen, um sie hier zusammenfassend zu behandeln.

Die ganz besondere Stellung der Juden innerhalb der Gesellschaft ist die andere Seite des Problems. Oder mit klaren Worten: Der Jude trug durch die Geschichte nicht nur den größeren Geldsack, sondern er trug auf seinem Rükken außerdem, wie allbekannt, fast die ganze Zeit eine Welt von Haß. Er trug eine Welt von Haß mit sich herum, wie sie außer ihm niemals einem anderen Volk der Welt zuteil wurde. Diesem Haß begegneten die Juden seit ihrem Auftreten in Europa, und er ist bis auf den heutigen Tag niemals und nirgends ganz erloschen. Seine Formen waren immer ähnliche oder die gleichen: gesellschaftliche Ächtung, Verspottung, Verfolgung, Vertreibung, systematische Ausplünderung, Einzelmord, gesteigert bis zur Abschlachtung ganzer jüdischer Bevölkerungen. Die grauenhaftesten Formen des Judenhasses gehören leider nicht nur der Vergangenheit an, sondern im Gegenteil der Gegenwart. An die Qualen, denen die Ostjuden während des Weltkrieges überantwortet waren, an die Scheusäligkeiten der konterrevolutionären russischen Horden unter Koltschak und Wrangel, an die Bestialitäten der ungarischen Horthyoffiziere, – an diese modernsten Judenverfolgungen reicht nichts von dem heran, was die Vergangenheit an Judenverfolgungen aufzuweisen hat. So schrecklich die Judenvertreibungen, die Judenverbrennungen des Mittelalters mitunter auch waren, sie verblassen gegenüber den Massenfolterungen und Massenschlachtungen unter den Juden während der letzten Jahre. Und die hierfür Verantwortlichen sitzen in allen Ländern. Nur Sowjetrußland ist von dieser Schmach frei.

Diesen durch die Jahrhunderte währenden Judenhaß, der selbstverständlich der üppige Nährboden für die Mehrzahl aller jemals erschienenen Judenkarikaturen ist, in seinen Wurzeln und in seinen Zusammenhängen zu erklären, ist die Aufgabe, die mir für dieses Kapitel gestellt ist. Das heißt, es ist gleichzeitig auch die freilich nur scheinbar seltsame Tatsache zu erklären, daß man in den Juden z. B. niemals die Befreier sah, niemals die zu bewundernden Bahnbrecher usw., sondern fast ausnahmslos die Schmarotzer und Schädlinge der europäischen Gesellschaft.

Daß, wie ich oben hervorhob, zu gewissen Zeiten eine Reihe Stadtverwaltungen die wuchernden (d. h. geldleihenden) Juden in ihre Mauern baten und daß zu fast allen Zeiten immer einige Juden großes Ansehen genossen und über Macht und Einfluß verfügten, widerspricht der Permanenz dieses Welthasses keineswegs; denn die Masse der Juden war zur gleichen Zeit doch zumeist verfehmt.

Man kann wohl dreist sagen, und zwar ohne sich dem Vorwurf der Übertreibung auszusetzen, daß, wenn in früheren Zeiten eine Stadt, ein Land oder die Menschheit im ganzen von irgendeinem Unglück heimgesucht wurde, alsbald der Ruf erscholl: »Der Jud ist schuld!« »Die Juden haben es angestiftet!« Wenn eine Feuersbrunst ausbrach, nannte man in den meisten Fällen irgendein harmloses Jüdchen als den Brandstifter. Bei einem Mord wurde zuerst gefragt, ob nicht ein Jude des Wegs gegangen sei; war gar ein Knabenmord vorgekommen, so war der gemordete Knabe sicher von den Juden zu Ritualzwecken geschlachtet worden. Bei Mißernten und Teuerung hatten unbedingt die Juden das Unheil verschuldet. Und als im 13., 14. und 15. Jahrhundert die europäische Menschheit von der Pest heimgesucht wurde, hieß es jedesmal, das große Sterben komme daher, weil die Juden die Brunnen vergiftet hätten. In der unsinnigen Angst, die die Pest stets auslöste, wo sie auftrat, tobte dann die Wut gegen die Juden durch zahlreiche Städte des Abendlandes, und Hunderte von unschuldigen Juden mußten diesen Wahnsinn nicht nur mit dem Verlust ihres Hab und Gutes bezahlen, sondern obendrein mit dem Leben. Unsere Gegenwart kennt dieselben geistigen Epidemien. Als Deutschland im Herbst 1918 endlich vor dem von Anfang an unvermeidlichen Zusammenbruch stand, da wurden wiederum die Juden als die Hauptschuldigen ausgeschrien, sie hatten angeblich den Dolchstoß in den Rücken des Heeres geleitet. Und heute noch, nachdem die welt- und wirtschaftspolitischen Ursachen der deutschen Niederlage selbst dem beschränktesten Hirn klar sein müßten, kann man noch täglich aus dem Munde Unzähliger hören, daß ohne die Juden Deutschland als Sieger aus dem Weltkrieg hervorgegangen wäre.

Die Abwälzung eines Unglückes auf eine bestimmte Person oder eine bestimmte Bevölkerungsschicht ist an sich ganz natürlich. Diese Methode entspricht durchaus der christlichen Lehre von der individuellen Schuld, der Lehre von der Sünde; nach der christlichen Lehre steht hinter allen Dingen ein persönlich Verantwortlicher. Daher das Suchen der Menschen nach dem jeweiligen Sündenbock, dessen sie bedürfen, um ihn in die Wüste zu schicken. Es ist selbst für die Gebildeten eine sehr späte Errungenschaft, die Ereignisse und Zustände als unvermeidliche Folgen von Allgemeinzuständen der Gesellschaft und der Gesamtentwicklung zu erkennen. Die große Masse hat sich zu dieser Erkenntnis bis heute noch nicht durchgerungen. Wenn deshalb die Menschen ein Unglück überkommt, muß immer ein besonders schlechter Kerl die Hand

Berliner Bilder: Grenadierstraße

Abb. 32: Karikatur von Karl Arnold. »Simplicissimus«. 1921

im Spiele gehabt haben; von dessen persönlicher Bosheit muß das betreffende Unheil ausgeheckt worden sein. Und als dieser spezifisch schlechte Kerl, aus dessen schwarzer Seele immer und immer wieder neues unverdientes Leid über die in ihrem Gemüt ach so braven und ach so sehr ehrbaren Christenmenschen sich ergießt, gilt, wie gesagt, zu allen Zeiten vor allem der Jude.

Das ist die landesübliche Meinung. Nun ist aber die Frage aufzuwerfen und zu beantworten: Warum ist es gerade immer der Jude gewesen, dem jahrhundertelang und allerorten die meiste Schuld für das jeweils über die Menschen gekommene Unheil in die Schuhe geschoben worden ist? Die Antwort auf diese Frage kann in einigen wenigen Sätzen gegeben werden. Diese lauten: Die Massen erlebten die Entwicklung des Kapitalismus, die in der Form einer nie rastenden Umwälzung der Geldwirtschaft vor sich ging, niemals als Erlösung und Befreiung, sondern sie setzte sich für sie unter ständigen Nöten und Qualen durch, als da sind: immer wiederkehrende Krisen, Teuerung, Hungersnöte, wirtschaftlicher Bankrott der Kleinen und Kleinsten. Weil man nun infolge des engen geistigen Horizontes das wirkende Gesetz nicht erkannte, so sah man den Feind, gemäß den vorhin gemachten Ausführungen, im menschlichen Instrument der Geldwirtschaft. Dieses aber war, wie ich in den vorhergegangenen Abschnitten gezeigt habe, durch alle Jahrhunderte hindurch in stets hervorragender Weise der Jude. Der Jude ist das Instrument der Geschichte. Also empfing man auch anscheinend am häufigsten aus seiner Hand die fürchterlichen Nackenschläge, unter denen Tausende jahraus, jahrein seufzten, und unter denen Hunderte zusammenbrachen. Deshalb ist der Jude immer gehaßt. Alle Laster der Geldwirtschaft wurden auf sein persönliches Konto gebucht.

In diesem Zusammenhang muß mit aller Deutlichkeit darauf hingewiesen werden, daß es absolut nicht der Rassenunterschied zwischen Orientale und Europäer ist, der den Haß gegen die Juden in seinem Kern begründet, sondern daß es einzig der Jude als Kapitalist ist, der den Haß auslöst. Jede geschichtliche Nachprüfung dieser Materie (des Rassenhasses) erweist, daß die andere Rasse immer nur dann und erst dann gehaßt wird, wenn sie als gefährlicher wirtschaftlicher Konkurrent auftritt. Der amerikanische Arbeiter haßt z. B. den Japaner, weil dieser als Lohndrücker auftritt und die Errungenschaften seiner jahrzehntelangen Gewerkschaftskämpfe gefährdet. Daß es so ist und nicht anders, ergibt sich aus der einfachen und leicht festzustellenden Tatsache, daß der Rassenhaß sofort verstummt, sowie die wirtschaftlichen Gegensätze verschwinden. Weiter daraus, daß man, solange es in einem Land oder einer Zeit überhaupt zu keinem solchen wirtschaftlichen Gegensatz kommt, auch niemals den sogenannten Rassenkämpfen begegnet. Wo aber andererseits starke wirtschaftliche Gegensätze entstehen und die Träger der verschiedenen Interessen sich nach verschiedenen Rassen scheiden, da wandelt sich der Klassenhaß stets zuerst in Rassenhaß – es ist dies die niederste Stufe der Klassenkämpfe;

der alte Wilhelm Liebknecht hat ein sehr treffendes Wort geprägt, als er sagte: »Der Antisemitismus ist der Sozialismus der dummen Kerle« – und der Haß der in ihrer Existenz sich bedroht fühlenden Klasse knüpft an die sogenannten Rassenunterschiede an, er wandelt den wirtschaftlichen Gegensatz zu einem moralischen und stempelt den Gegner als moralisch geringerwertig. Alles das, was den anderen von ihm unterscheidet, gilt als das spezifisch Minderwertige. Da diese Methode in Europa seit Jahrhunderten gegenüber den Juden geübt wird, so rührt daher die Überheblichkeit aller Ganz- und Halbspießbürger über die Juden.

Es ist der fleischgewordene Haß gegenüber dem stärksten wirtschaftlichen Gegner, gegen den man sich in ohnmächtiger Wut verzehrte, weil man obendrein immer von neuem auf ihn angewiesen war: denn der Jude war der Besitzer des Geldes, dessen man als Darlehen in steigendem Maß bedurfte. Man mußte es zu den höchsten Zinsen nehmen, zu 10, zu 20, zu 30 und noch mehr Prozent. Eine solche Verzinsung aufzubringen, war schlechterdings unmöglich, weil dies an der nicht so hohen Produktivität der Arbeit scheiterte. Aber wenn man dies auch vorausahnte, so nahm der kleine Handwerker, der Bauer, der Kaufmann trotzdem das Judengeld, weil in den Zeiten der allgemeinen Geldknappheit die Umstände jeden einzelnen dazu zwangen. Und jeder hoffte eben für den Verfallstag, an dem Kapital und Zins zurückgezahlt werden sollten, auf irgendein Wunder: vielleicht regnet es einmal Dukaten, und ich bin gerade zur Stelle. Nun, es regnete eben nie Dukaten. Der Teufel, dem man sich verschrieben hatte, hielt immer nur in den Volkssagen sein Wort, im wirklichen Leben niemals. Er ließ weder einen verborgenen Schatz finden noch holte er den wucherischen Juden. An dem Verfallstage erschien nicht der Teufel mit einem Sack Gold, wohl aber prompt der jüdische Gläubiger mit seinem Schein, auf dessen Einlösung er wie Shylock bestand. Nun konnte man aber sehr oft nicht bezahlen, das Pfand war in diesen Fällen verfallen, oder man konnte sich nur unter den schwersten Opfern weiterhelfen. Ist es da ein Wunder, daß man den Juden haßte? Der Jude war doch offenkundig der schlechte Kerl, der einem den Hals zuzog. Wer denn sonst? Diese Wahrheit war doch handgreiflich. Gewiß waren die christlichen Wucherer nicht selten viel hartherziger als die jüdischen. Diese Anklage kehrt häufig bei den alten Schriftstellern wieder. Aber die Zahl der jüdischen Wucherer war ungleich größer, so daß sich der Begriff Wucherer und Jude in der Vorstellung der Masse deckte. Man sagte: Nicht jeder Wucherer ist ein Jude, aber jeder Jude ist ein Wucherer. Dazu kam überdies noch ein anderer Umstand. Der Christ verbarg sein wucherisches Gewerbe stets hinter der Maske der Scheinheiligkeit, der Jude dagegen trieb es ganz offen vor aller Welt, und er machte gar kein Hehl daraus, daß das Geldinteresse bei ihm das oberste Interesse ist. Geiler von Kaisersberg sagt in einer Predigt über diesen Unterschied zwischen den jüdischen und christlichen Wuche-

Abb. 33: »Puck«, Leipzig. 1876

rern derb und deutlich: »Dann ein Jud setzt sein Seel Öffentlich darauff, und schembt sich solches nicht, aber diese Wucherhels richten solches alles auss unter dem Schein des Christlichen nammens.« Weil man also das geliehene Geld wieder zurückzahlen mußte, und weil dieses in den allermeisten Fällen besonders schwer fiel, so erschien der Geldleiher seinen Geldnehmern stets viel mehr als der Bedränger denn als der Helfer. Er war aller Welt Feind und galt als niemandes Freund. Als Helfer lebte er immer nur einige wenige Tage im Gedächtnis der Leute, die von ihm Geld geborgt hatten, als Bedränger dagegen oft jahrelang, nicht selten sogar ein ganzes Leben. In dieselbe Situation des naturgemäß von allen Seiten Gehaßten kam der Jude in seiner Tätigkeit als Händler. Er war, weil alle Art Waren bei ihm verpfändet wurden und weil er mit allem Geschäfte machte, nicht nur der Konkurrent eines einzigen, sondern der aller Handwerker und Kaufleute des Ortes, an dem er sein Handwerk trieb. Und weil er andere Geschäftsprinzipien als die ehrbaren christlichen Kaufleute hatte, Prinzipien, die ihm größeren Absatz garantierten, so war er zugleich für alle ein sehr gefährlicher Konkurrent. Jeder Handwerker und Kaufmann fühlte sich in seinem Gewerbe und darum mitunter in seiner ganzen Existenz durch den Juden geschädigt und bedroht.

Und dieser Zustand dauerte viele Jahrhunderte ununterbrochen. Man darf weiter nicht unterschätzen, was es bedeutet, daß alle modernen Selbstverständlichkeiten des kapitalistischen Geschäftsbetriebes der früheren Wirtschaftsgesinnung ohne Ausnahme widersprachen. Was heute für jeden Geschäftsmann, ob Christ oder Jude, das selbstverständliche Gesetz seines Handelns ist, was heute als durchaus geschäftsmännisch korrekt angesehen wird, das wurde ursprünglich, im 15.-18. Jahrhundert, vom zünftigen Handwerker und Kaufmann als feindseliger Akt empfunden.

Mit anderen Worten: alles das, was die Juden für die Entwicklung leisteten, mußten die Zeitgenossen als gegen sich gerichtet empfinden. Und jeder neue als feindselig empfundene Akt dieser Art wurde, wie wir gesehen haben, zuerst von den Juden ausgeübt. Von ihnen wurde der betreffende Trick zum mindesten stets mit dem größeren Geschick gehandhabt. Und dieser Zustand, daß die jüdischen Geschäftsmethoden als skrupellos und jedem ehrlichen Gewerbe als nachteilig empfunden wurden, währte ebenfalls viele Jahrhunderte. Wer ist also schuld, wenn ein strebsamer Handwerker trotz allem Fleiße nicht hochkam? Der Jude. Wer hat es auf dem Gewissen, wenn ein ehrlicher Kaufmann in seinem Handel zurückging? Der Jude. Wer bietet Waren feil, durch die das sauer verdiente Geld des Landes nur außer Lands kommt? Der Jude. Wer hat dem Bauern den ganzen Ertrag seiner Felder schon vor der Ernte abgekauft und bestimmt allein den Preis? Der Jude. Usw. Der Jude ist der Allerweltskonkurrent von jedem und jedermann. Es gibt keinen Winkel des Landes, wohin er nicht kommt, keinen Kreuzweg, an dem der Wanderer vorbei muß, wo der

Jude nicht sein Krämchen aufschlägt. Wenn der Fremde, der Pilger oder der Geschäftsmann vor das Gewölbe des zünftigen Gewerbes kommt, hat er den Reisesack schon voll Judenware, und seine Groschen und Taler hat bereits der Jude in der Tasche, der ihm auf der Landstraße entgegengegangen war.

Als Allerweltsgläubiger, dem, außer der Kirche, vom kleinen Bäuerlein angefangen bis hinauf zum Kaiser alle verschuldet sind, und als Allesverderber, der jeden redlichen Handel und Wandel stört und erstickt – in diesen beiden Gestalten allein steht der Jude durch die Jahrhunderte hindurch vor dem leiblichen und geistigen Auge der Mitwelt.

Und die Zeitgenossen konnten in den früheren Jahrhunderten auch gar keine andere Vorstellung von dem Juden bekommen, am allerwenigsten die eines Wegbereiters und Führers zu der kühnsten und gewaltigsten Wirtschaftsweise der gesamten Menschheitsgeschichte. Diese mußte doch erst geworden sein, um sie feststellen zu können; die historische Rolle der Juden konnte erst retrospektiv erkannt werden. Um so mehr, als diese Entwicklung ja niemals ein bewußtes Ideal der Menschen gewesen ist. »Die Menschheit« wollte sich früher doch überhaupt nicht entwickeln, sie wollte ihr geruhsames Dasein haben. Das war ihr höchstes Lebensziel, und wer diese Ruhe gefährdete, verstieß gegen das oberste Menschenrecht. Und auch die Juden waren selbstverständlich immer nur unbewußte Instrumente der Geschichte. Sie dachten sich bei ihren Geschäften wirklich nichts Erhebendes, sie dachten außer an Jahve nur noch an ihren Rebbach!

Es ist ganz müßig, die Juden als Einzelindividuen besser darzustellen, als sie in Wirklichkeit sind. Der Jude war und ist in tausend Fällen der Ausbeuter fremden Elends. Gewiß. Aber – lautet die andere Frage – war dies vielleicht der christliche Kapitalismus irgendeines Landes, der besonders in den Anfängen der großkapitalistischen Entwicklung förmlich in Kinder- und Frauenfleisch schwelgte, etwa weniger? Nein, er war dies in ganz der gleichen Gestalt. Die Bauern sind unter der Wucht des Judenzinses nicht hochgekommen. Gewiß. Und wieder lautet die Gegenfrage: Aber wie hoch sind denn die Kossäten, die Kätner und Büdner unter der väterlichen Fürsorge der Junker gekommen? Ein Unterschied ist freilich vorhanden: Die christlichen Fabrikanten der großkapitalistischen Frühzeit und auch die Mehrzahl der Junker sind als individuelle Erscheinungen nicht so anstößig wie der einzelne wuchernde Jude. Nur ist damit nichts gegen das Judentum erwiesen, sondern nur sehr viel gegen seine tausendfachen Unterdrücker. Oder glaubt man vielleicht, daß aus dem Sumpf, in den man den Juden allerorten niederzwang, Lichtgestalten hätten hervorgehen können? Glaubt man, es hätte möglich sein können, daß aus einer solchen erniedrigenden, Jahrhunderte währenden historischen Situation Musterbeispiele an Uneigennützigkeit hervorgegangen wären? Nein, das war schlechterdings unmöglich. Alle Dinge haben ihre unvermeidlichen Konse-

Abb. 34: Antisemitisches Wahlplakat von Max Liebenwein. 1919

quenzen. Man muß im Leben immer das eine mit dem andern bezahlen. Davon gibt's keine Errettung. Die Geschichte kennt nie ein Drumherumdrücken um das peinliche Resultat. So auch in diesem Fall nicht. Die Juden sind, wie ich schon oben sagte, in ihrer großen Mehrzahl jahrhundertelang die Parias der menschlichen Gesellschaft gewesen, also schleppen sie auch die Laster des Paria mit sich herum. Das ist ganz unvermeidlich. Der allseitige Haß und die stete Verfolgung haben nicht nur ihre Tatkraft gefördert, sondern sie auch zu vielen Teilen demoralisiert.

Alles das muß man zugeben. Aber man muß ebenso kategorisch erklären: die Christen sind das in anderer Weise nicht weniger. Und deshalb sind die Juden im ethischen Sinne nicht schlechter als die Christen. Sie sind nur auch in diesem Falle anders als wir. Weil dieses andere aber, dieses orientalisch-nomadenhafte, in seinem Zusammenprall mit unserer nordischen, aus der Seßhaftigkeit erwachsenen Psyche zu Hunderten von Konflikten führte und immer von neuem führt, darum erscheint uns das jüdische Tun als unmoralisch. Der psychische und ökonomische Gegensatz wandelt sich zum moralischen Gegensatz. Daß wir, das Herrenvolk, uns von vornherein als die Moralischen dabei einschätzen, ist selbstverständlich. Die herrschende Klasse, und das sind die Christen im Vergleich zu den Juden, glaubt immer die größere Moral auf ihrer Seite.

Die Fragen der Moral entscheiden in letzter Instanz immer die wirtschaftlichen Interessen; an diesen scheitern auch alle angeblichen gemeinsamen Rasseninteressen. Das gilt auch innerhalb der Juden. Man stellt jüdischerseits den gegen die Juden erhobenen moralischen Anklagen stets den Einwand von dem besonderen jüdischen Solidaritätsgefühl gegenüber, daß niemals ein Jude den andern völlig im Stich lasse. Gemeinsame Not führt gewiß die gemeinsam Leidenden zusammen, und unter diesen entsteht dann eine mitunter erhebende Solidarität; das gilt auch von den Juden. Aber die Juden leiden eben nicht immer gemeinsam Not. Und die nicht leidenden Juden vergessen stets und sehr rasch ihr Rasseninteresse, wenn ihr Geldbeutel bei diesem Gedächtnisschwund heftig anschwillt. Wer hat so oft den die Juden ihrer Länder und Ländchen unterdrückenden Fürsten das Thrönchen mit seinen Goldstangen versteift? Die jüdischen Geldkönige. Wer hat den in Judenblut watenden russischen Zarismus 1905 vor dem Untergang errettet und ihm ermöglicht, weiterhin im Judenblut zu waten? Das jüdische Finanzkapital Frankreichs. Niemals ist es dem internationalen jüdischen Finanzkapital eingefallen, unter Risiko seiner Profite seine ungeheure Macht in die Waagschale zu werfen und durch ein kategorisches »Entweder-Oder« die trostlose Lage der jüdischen Bevölkerung in irgendeinem Lande radikal zu ändern. Klassenunterschiede trennen, Klasseninteressen binden, beides über Meere hinweg. Das gilt für Christen und für Juden. Man schweige also von der sogenannten besonderen Rassensolidarität der Juden. Diese geht jedenfalls stets dann in die Brüche, wenn die Profitrate dadurch ernstlich gefährdet würde. Denn es ist nicht Ausfluß der Rassensolidarität, wenn der reiche Jude häufiger und in größerem Maße als der Christ gegenüber seinen Stammesgenossen Mildtätigkeit übt. Das ist im Gegenteil Ausfluß der Klassensolidarität; denn bis zu einem gewissen Grade repräsentiert eben, wie ich oben sagte, jeder Jude, auch der reiche, gegenüber dem Christen die unterdrückte Klasse. Das Gefühl des gemeinsam Unterdrückten manifestiert sich hierin.

Die eine Weltwirtschaft aufbauende Rolle der Juden konnte in ihrem früheren Verlauf weder von der Masse noch von dem einzelnen wirklich erkannt werden, aber die täglichen Rippenstöße auf den Magen, durch das Volk Israel ausgeteilt, mußte der dickfelligste Christ empfinden, und damit ist die Permanenz des Judenhasses in Europa seit mehr als einem halben Jahrtausend vollauf erklärt. Es ist erklärt, daß man die Juden verachtete, es ist erklärt, daß man die Juden schikanierte, und es ist schließlich auch erklärt, daß man den Juden nach dem Leben trachtete, daß man sie plünderte, folterte und mordete. Zu umfangreicheren Judenverfolgungen mußte es kommen, d. h. zu solchen kam es stets in der Geschichte, wenn im Verlaufe der kapitalistischen Entwicklung besonders schwere Kreditkrisen über eine ganze Bevölkerung hereinbrachen. In Zeiten, wo die Einnahmen noch bescheiden waren, weil man noch wenig verkaufte, und die Einnahmen deshalb mit den durch erhöhte Steuern und Zinsen gesteigerten Ausgaben nicht Schritt zu halten vermochten, in solchen Zeiten, wo also alle Welt dauernd Bargeld brauchte, da kam es vor, daß nicht nur ganze Ortschaften, sondern ganze Landschaften den Juden verschuldet waren. Wenn dann die Nöte berghoch stiegen und die Einzelerscheinung des wirtschaftlichen Zusammenbruches zur Massenerscheinung wurde, dann rebellierten die dem Untergang geweihten Schichten. Rebellieren konnten sie natürlich nicht gegen die Sache, gegen das wirtschaftliche Gesetz, dem sie unterlagen, denn von diesem ahnten sie ja nichts. Rebellieren konnten sie nur gegen die Juden, die ihnen bei ihrem beschränkten Horizont als die einzigen Urheber ihres Elends erschienen, und so schlugen sie die Juden tot und plünderten deren Truhen. Auf diese Weise glaubte man die Sache obendrein am gründlichsten erledigt. Denn dabei konnte man ja auch die den Juden ausgestellten Schuldbriefe vernichten – was sehr oft der gar nicht verheimlichte Hauptsinn und Zweck der blutigen Judenverfolgungen war. Diese Aussichten erschienen so verlockend, daß man mitunter auch ganz willkürliche Anschuldigungen gegen die jüdische Bevölkerung einer Stadt oder eines Landes erhob, nur um einen Scheingrund für ihre Ausplünderung zu haben. Alle die bekannten Anschuldigungen wegen Hostienschändung, wegen jüdischen Kirchenfrevels und ohne Ausnahme die jahrhundertelang so üppig wuchernden Ritualmordmärchen sind in letzter Instanz hierauf zurückzuführen. Das Auftauchen von Nachrichten über einen irgendwo stattgefundenen Ritualmord ist gerade zu einer der sichersten Beweise dafür, daß wieder einmal irgendwo eine Unterschicht besonders derb in den Mahlstrom der geldwirtschaftlichen Entwicklung gerissen worden ist.

Die städtischen und staatlichen Behörden drückten selbst zu den grausamsten Judenverfolgungen stets beide Augen zu. Ja, noch mehr: nicht selten sind es gerade ihre Organe gewesen, von denen zuerst der schreckhafte Ruf ins Land gegangen war: »Der Jud ist schuld.« Diese Methode hat ihre guten Gründe: der im Judenhaß sich schrankenlos austobende Volkszorn vergißt auf diese Weise am leichtesten die Hauptschuldigen, nämlich die Regierung, die Steuer auf Steuer häufte usw. Für diese Tatsache gibt es zahlreiche historische Beweise; angefangen von den in verschiedenen Ratsprotokollen der mittelalterlichen Stadtobrigkeiten vermerkten Empfehlungen zum »Judenschlagen« bis herauf zu den direkten Pogrom-Anweisungen des letzten zaristischen Polizeiministers.

Wenn ich oben sagte: mit den schweren wirtschaftlichen Nöten, die im Verlauf der geldwirtschaftlichen Entwicklung unerbittlich immer von neuem über die Massen hereinbrachen, sind die im Verlauf der Geschichte ebenfalls ständig wiederkehrenden und niemals ganz abbrechenden Judenverfolgungen erklärt, so habe ich damit selbstverständlich nicht gesagt: diese Greuel sind dadurch auch entschuldigt. Die Schmach der Judenverfolgungen kann nur entschuldigen, wer sie dauernd erhalten wissen will.